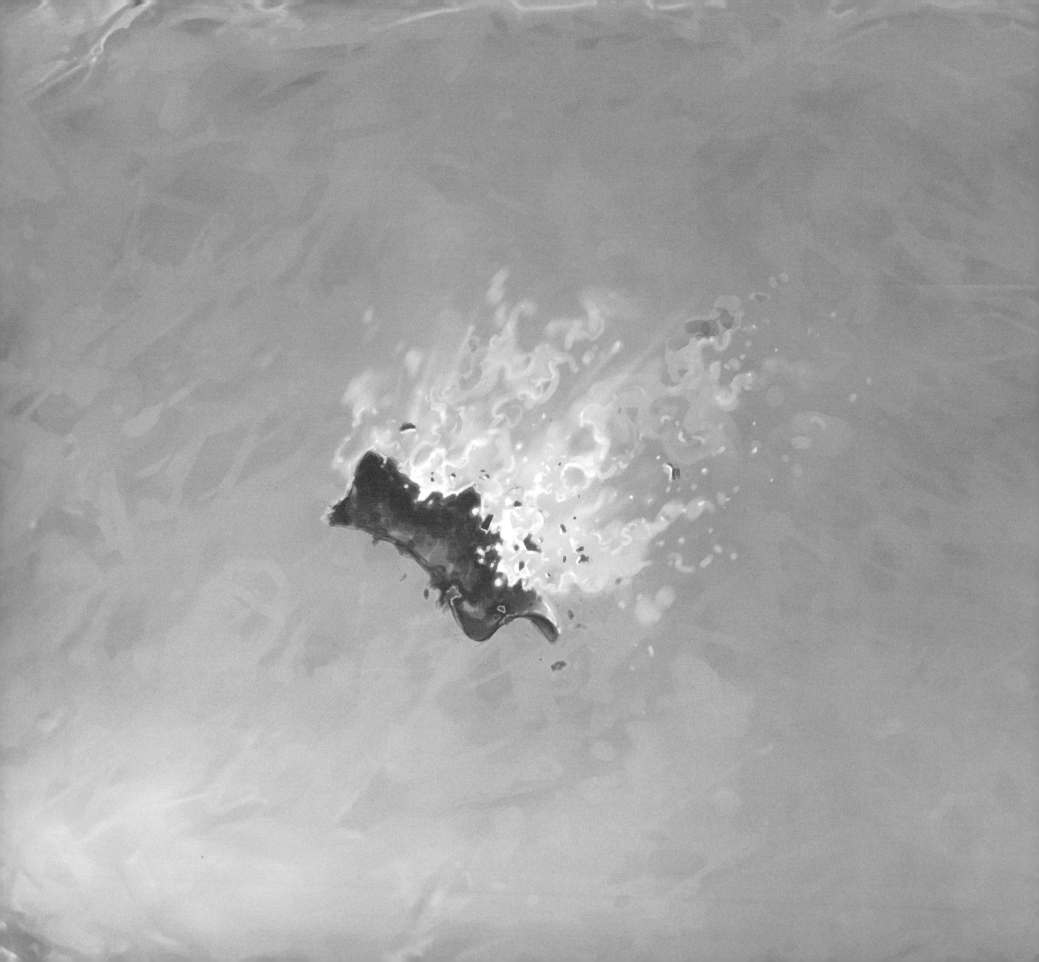

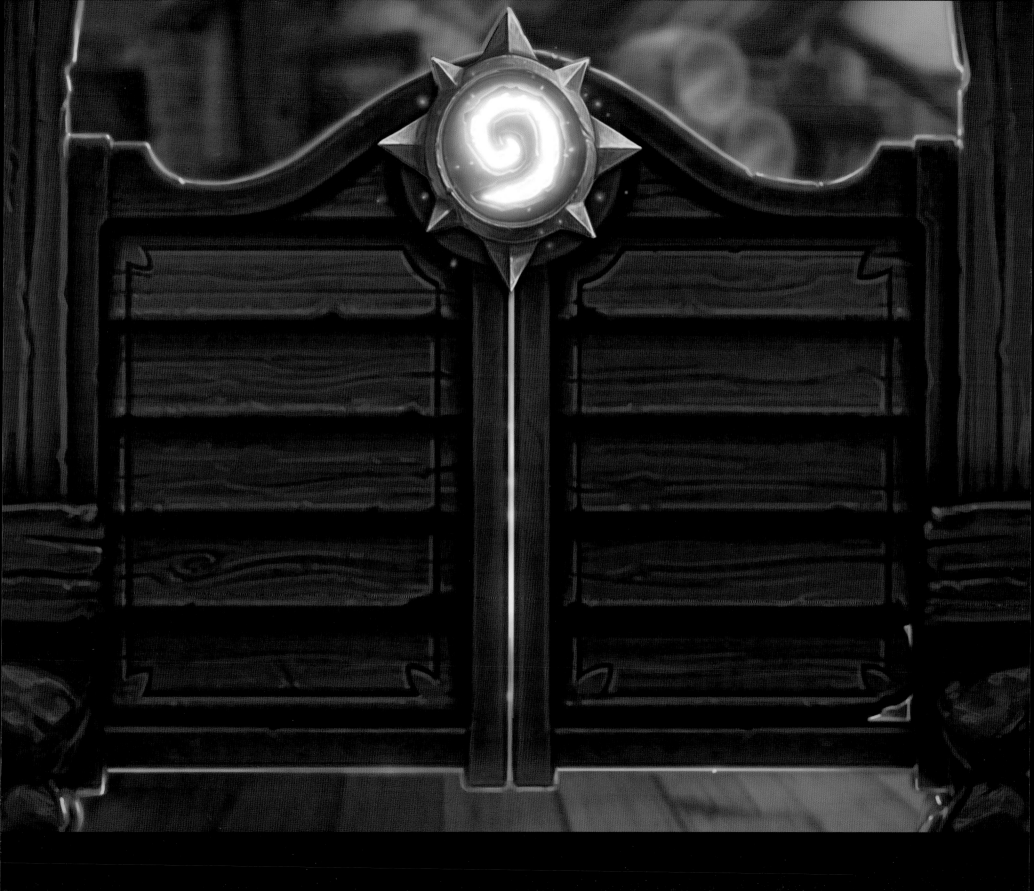

하스스톤 아트북

HEARTHSTONE

BLIZZARD ENTERTAINMENT

Editors: Cate Gary, Allison Irons, Diandra Lasrado
Art Direction: Bridget O'Neill
Game Team Art Direction: Jeremy Cranford,
Ben Thompson
Creative Consultation: Ben Brode, Jason Chayes,
Hamilton Chu, Dave Kosak
Lore Consultation: Sean Copeland, Christi Kugler,
Justin Parker
Production: Phillip Hillenbrand, Brianne M
Loftis, Timothy Loughran, Alix Nicholaeff,
Derek Rosenberg, Jeffrey Wong
Director, Consumer Products: Byron Parnell
Director, Creative Development: Ralph Sanchez

하스스톤 아트북

초판 1쇄 | 2019년 5월 10일

지은이 | 블리자드 엔터테인먼트
옮긴이 | 고경훈

펴낸이 | 서인석
펴낸곳 | 제우미디어
출판등록 | 제 3-429호
등록일자 | 1992년 8월 17일
주소 | 서울시 마포구 독막로 76-1 한주빌딩 5층
전화 | 02-3142-6845
팩스 | 02-3142-0075
홈페이지 | www.jeumedia.com

ISBN 978-89-5952-791-5
※ 파본은 구입하신 서점에서 교환해 드립니다.
※ 본 한국어판 서적의 저작권은
   Blizzard Entertainment, Inc.가 보유합니다.
   본 서적의 무단 복제를 금합니다.

제우미디어 트위터 | twitter.com/jeumedia
제우미디어 페이스북 | facebook.com/jeumedia

만든 사람들
출판사업부 총괄 손대현 | **편집장** 전태준
책임 편집 안재욱 | **기획** 홍지영, 박건우, 장윤선, 조병준,
성건우, 오사랑, 서민성
디자인 총괄 디자인 수 | **영업** 김금남, 권혁진
도움 주신 분 블리자드 코리아

목차

소개합니다

여러분의 손에 들린 것은 〈하스스톤 아트북〉이라는 제목의 책입니다. 그렇지만 그 이름은 약간은 오해의 소지가 있기에 아주 정확하지는… 않습니다.

그렇다고 오해하지는 마시기 바랍니다. 이 책에는 첫 장부터 끝 장까지 아주 많은 아트 작품이 들어있으니까요. 하스스톤에서 놀라운 작품을 선정하는 것은 정말이지 끝이 없는 일이었습니다. 특히, 개발 초기에 아트가 차지하는 중요한 역할을 생각하면 더욱 그렇습니다. 제가 드리고 싶은 말씀은 이 책이 책장이나 커피 테이블에 어울리는 멋지기만 한 소장용 아트북이라기보다는 하스스톤의 아트 제작기에 더 가까울 수 있다는 것입니다. 결국, 첫 번째 장은 우리의 머리에서 떠돌던 창조적인 아이디어를 시각적으로 온전하게 표현할 방법을 잘 알지 못했던 개발 초기에 할애되었습니다. 그러나 그조차도 아주 정확하지는 않습니다. 하스스톤의 아트 작품은 어떤 것도 제작 과정을 쉽게 구분하기가 어렵기 때문입니다.

단도직입적으로, 어울리는 제목이라고 하자면 "하스스톤 아트 제작의 물러섬 없는 고찰" 정도가 적당하겠습니다. 이 책에서 여러분은 모든 창조적인 작업에서 고통스럽게 수반되는, 엄중하고 냉혹한 비밀을 보게 될 것입니다. 모든 아름다운 아트 작품의 이면에는 수많은 버려진 작품들과 헌신적인 노력이 있고 폐기되거나 삭제된 아이디어가 있습니다. 우리는 이 책을 위해 아트 작품을 선정하면서 여러분에게 정직하고자 했습니다. 여기에서 볼 수 있는 개발 초기의 작품 중 다수는 현재 게임에서 볼 수는 없지만, 지금에 이르기 위해서 거쳐야 했던 복잡하고도 굽이진 여정을 보여주고 있습니다. 일부는 그다지 멋지지 않을 수도 있고 그렇게 얻어진 작품 중 다수가 세련된 액자에 넣거나 아트 갤러리에서 걸기에 어울리지 않을 수도 있습니다. 그러나 전체 과정을 생각해보면 이 모든 작품 하나하나가 꼭 필요했다는 사실은 장담할 수 있습니다.

결국 이 책은 게임 개발에서 각자 역할을 수행했던 열정과 토론, 일상적인 대화, 반복적인 수정, 터무니없는 아이디어, 농담, 엉뚱함, 웃음과 미소를 조금씩 담아내기 위한 최선의 노력이라고 할 수 있습니다. 이를 통해서 여러분 모두가 그러한 즐거움의 일부를 누릴 수 있기를 바랐습니다. 책에서 소개될 아트는 우리의 가족인 개발팀의 구성원 각자가 만들어낸 작품들입니다. 우리는 진심으로 이 책이 여러분의 얼굴에 미소를 전해주기를 바라며, 여러분과 마찬가지로 전 세계에서 게임을 즐기는 이들에게 하스스톤이 선사하는 모든 즐거움을 기리는 작은 기록이 되기를 희망합니다.

그래서 저는 동료들이 〈하스스톤 아트북〉이라는 제목을 그대로 유지하리라고 생각합니다. 결국, 책은 인쇄가 되었고 여러분의 손에 들렸습니다. 이제는 더 수정하거나 다듬을 기회가 없다고 하는군요!

Ben Thompson
아트 디렉터

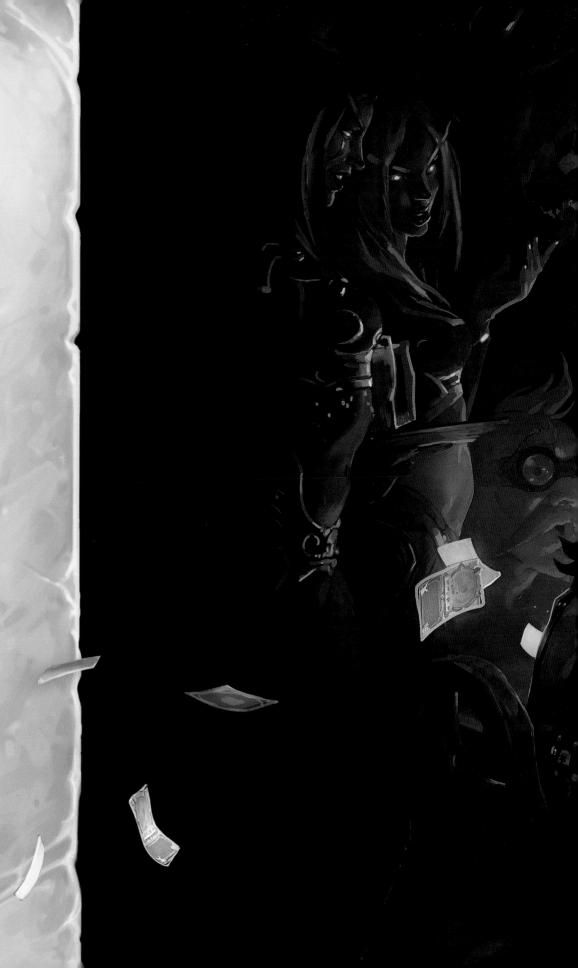

1

여관 개장

오늘 밤은 바쁘지만
한 명 낄 자리는 얼마든지 있죠!

— 하스 스톤브루, 여관주인

발표일!

2013년 3월 22일, 쌀쌀한 아침 수백 명의 사람들이 보스턴 컨벤션 센터의 행사장에 모여들어 발표를 기다리며 줄을 섰습니다. 블리자드 엔터테인먼트는 PAX East(Penny Arcade Expo)에서 새로운 게임 발표를 준비하고 있었습니다. 그 새로운 게임은 블리자드에서 발표한 스타크래프트나 디아블로, 월드 오브 워크래프트의 후속작이 아니었습니다.

발표 한 시간 전에, 행사장은 완전히 들어찼습니다. 예비 공간까지 발 디딜 틈이 없었습니다. 기대감은 최고조에 달했습니다.

발표가 시작되었고, 블리자드는 15명의 최소 인원으로 이루어진 신규 게임 개발팀을 소개했습니다. 그들은 수년 동안 전혀 새로운 작품, 〈하스스톤: 워크래프트의 영웅들〉이라는 게임을 제작하고 있었습니다. 하스스톤은 플레이어가 각기 다른 직업을 가진 아홉 명의 영웅으로 덱을 구축하고 가상의 여관에서 1:1 대결을 펼치는 디지털 형식의 카드 수집 게임(CCG)이었습니다.

청중들은 약간 당황한 듯이 보였습니다. "친절한 박수가 조금 있기는 했거든요." 프로덕션 디렉터 Jason Chayes가 미소를 지으며 말했습니다.

블리자드는 방대하고 새로운 세계를 탐험하는 대규모 게임을 출시하는 제작사로 명성을 얻었습니다. 그런데 디지털 카드 게임이라니요? 사람들은 어떻게 반응해야 할지 알지 못했습니다.

그것은 이해할 만했고 한편 예상한 일이기도 했습니다. 팀은 전에도 이러한 반응을 경험했습니다. 다른 블리자드 직원들도 마찬가지로 처음에는 잘 모르겠다는 반응이었습니다. 그러나 상황은 빠르게 변했습니다. 체험 플레이가 시작되자 회의감은 사라지고 열정적인 성원이 쏟아지기 시작했습니다.

이것이 바로 PAX에서 구상한 정확한 전략 즉, 사람들의 손에 게임을 쥐여주고 직접 즐겨보게 하여 마법을 일으키는 것이었습니다.

블리자드는 PAX East 전시회에서 사람들이 하스스톤을 플레이할 수 있도록 행사장에 PC와 태블릿을 배치했습니다. 플레이를 기다리는 행렬은 끝이 없었습니다. 곧 대기열이 블리자드 부스를 두 바퀴 이상 휘감으며 이어졌습니다. 사람들은 사전에 구성된 몇 개의 덱을 이용하여 서로 겨뤄보았고, 너무나 큰 재미를 느낀 나머지 다시 대기열에 줄을 섰습니다. 몇 시간을 기다려서라도 다시 플레이하겠다는 심정으로 말입니다.

이후 4년이 지났고 1,000개 이상의 새로운 카드가 발매되었으며 7천만 명 이상의 사람들이 하스스톤을 플레이했습니다. 하스스톤은 블리자드의 가장 성공적인 게임 중 하나로 자리매김했습니다.

하스스톤 여관을 여는 것은 블리자드가 전에 겪어보지 못한 도전이었으나, 여러 측면에서 놀라운 방식으로 성공을 거두게 되었답니다.

위 ▲
2014년 출시 당시 하스스톤 개발팀.

다음 ▶
Tyson Murphy,
Ben Thompson

위 ▲
초기 전장 구상 핸드드로잉.

다음 ▶
하스스톤의 초기 플레이 프로토타입. 디자이너들은 이를 작업의
토대로 삼아 여러 게임 메카닉과 기술, 아트 스타일을 구상할 수
있었습니다.

전면 ▲
초기 콘셉트 프로토타입의 게임 내
하수인 묘사.

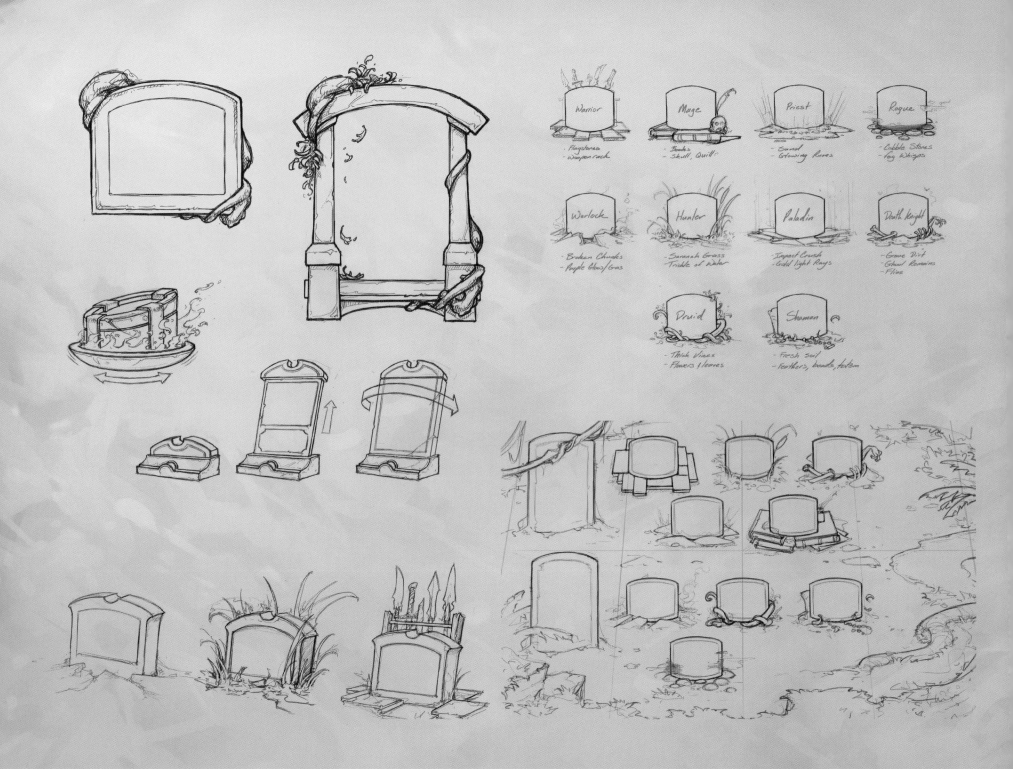

위 ▲
게임의 초원 배경과 상호작용할 수 있는 카드를
묘사한 초기 스케치.

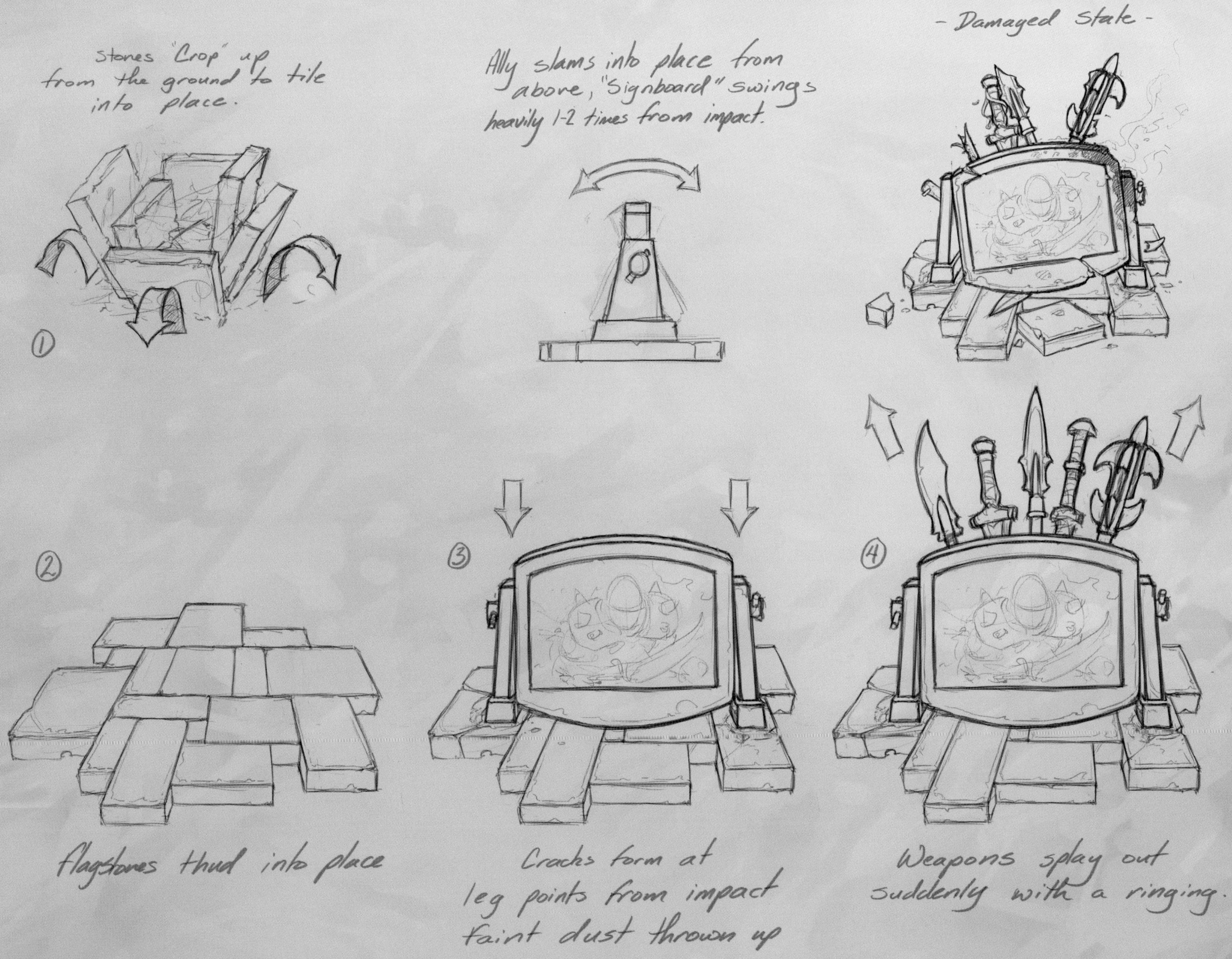
stones "Crop" up from the ground to tile into place.
①
Ally slams into place from above, "Signboard" swings heavily 1-2 times from impact.
- Damaged State -
②
③
④
flagstones thud into place
Cracks form at leg points from impact faint dust thrown up
Weapons splay out suddenly with a ringing.

위 ▲
게임의 기반 환경 요소로 사용할 수 있는 석조 바닥을 보여주는 프로토타입.

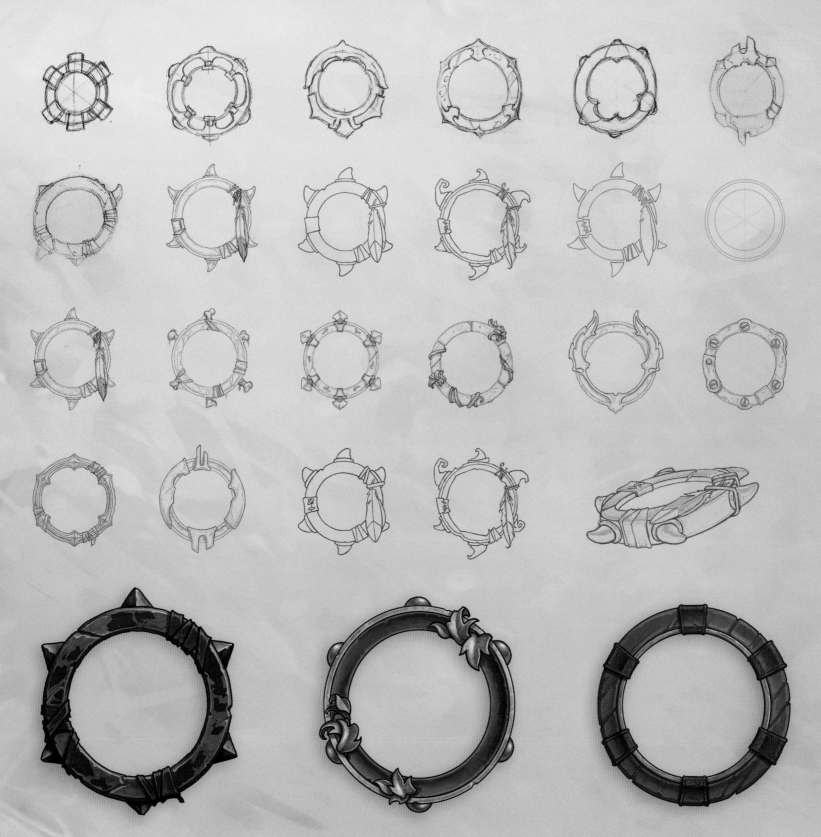

왼쪽 ◄
여러 워크래프트 종족을
상징하는 하수인/영웅
프레임의 초기 스케치와 색상
표현.

왼쪽 위 ◀▲
드레나이 영웅의 프로토타입.
이 디자인에서 원의 가장자리를
따라 조각들이 움직이면서
떠다닙니다.

오른쪽 위 ▲▶
죽음의 기사 영웅의 프로토타입.
고동치는 룬을 중심으로
디자인되었습니다. 동작을
수행하면 테두리 끝이
회전합니다.

왼쪽 아래 ◀▼
나이트 엘프 영웅의 프로토타입.
산들바람에 꽃잎이 조금씩
흔들리고 덩굴이 꿈틀거리도록
디자인되었습니다.

오른쪽 아래 ▼▶
노움 영웅의 프로토타입.
증기로 움직이면서 대기
시간에는 조금씩 들썩이도록
디자인되었습니다. 공격 등
동작을 수행할 때는 불꽃이
튑니다.

새로운 접근, 새로운 팀

2008년 후반, 게임 업계는 급격한 변화를 맞이했습니다. 새로운 플랫폼이 나타났고 최초의 스마트폰이 2년 전에 북미 시장을 강타했습니다. 완전히 새로운 장르들이 날로 인기를 구가하고 있었습니다. 블리자드는 역사상 가장 성공적인 게임, 즉 '월드 오브 워크래프트'를 제작했으며 방대하고 서사적인 내용을 다루는 다른 몇 편의 작품을 추가로 개발하고 있었습니다. 그러한 프로젝트는 대규모의 전담 인력을 필요로 했습니다.

대규모 팀에서 예상하지 못한 난관을 맞이하면 종종 다른 팀의 개발자들이 넘어와 지원하는 경우가 있었습니다. 그러다가 해당 프로젝트에 계속 남게 되는 일도 간간이 있었습니다. 소규모 프로젝트는 대작 게임의 출시를 위한 대규모 작업을 지원하면서 어려움을 겪곤 했습니다.

블리자드는 하스스톤 팀을 꾸리면서 개발에 접근하는 권한을 조금 다르게 취했습니다. 하스스톤 팀은 경험 많은 개발자들로 이루어진 소규모 조직이었으며 무언가 새로운 작품을 제작하는 것을 목표로 삼았습니다.

곧 팀의 디자이너들이 디지털 카드 게임의 프로토타입을 플레이하기 시작했습니다. 구성원 중 다수가 평생 카드 게임을 즐겼던 이들이었고, 전문적으로 카드 게임 개발에 참여한 경험도 있었습니다. 얼마 되지 않아 그들은 각자 수십 년 동안 즐겼던 장르에 자신의 이름을 남길 수 있다는 것을 즐기게 되었습니다.

이런 종류의 게임에서 친절한 접근법을 찾는 것은 결코 간단한 작업이 아니었습니다. 카드 게임은 초심자에게 어렵게 느껴지는 경우가 많으며 현존하는 디지털 카드 게임 중에서도 다수는 소규모 사용자만을 보유하고 있습니다. 즉, 두드리고 들어갈 분명한 시장이 존재하지 않았습니다. 디지털이라는 형식조차 고려할 사항이 많았습니다. 실물 카드 게임은 플레이어에게 무언가 손에 잡히는 것을 제공했습니다. 즉, 아트가 그려진 카드들을 손에 쥘 수 있었습니다. 하스스톤 팀은 디지털 카드 수집에 그와 같은 매력을 구현할 수 있을지 자문해야 했습니다.

그리고 수개월, 수년 동안 종이와 디지털 목업으로 게임 프로토타입을 디자인했습니다. 아티스트들은 수많은 콘셉트를 통해 게임을 표현할 방법을 구상했습니다. 좋지 않은 아이디어도 환영을 받았습니다. 우리가 해야 하지 말아야 할 것을 정의해 주었기 때문입니다.

그러나, 팀이 새로운 게임의 핵심 기반을 다지기도 전에 다른 부서의 지원 요청에 응해야 했습니다. 블리자드에서는 다수 프로젝트가 진행되고 있었고 복잡한 디자인을 다듬고 기능을 구현하는 데 도움이 필요했습니다. 결국 팀에서 대부분의 기술 담당자가 다른 프로젝트를 지원해야 했습니다. 그들은 〈스타크래프트 II: 자유의 날개〉와 〈디아블로 III〉를 출시하는 데 기여했습니다.

소수의 팀원만이 남았습니다. 기술적으로 복잡한 소프트웨어를 제작하고 출시하기에는 턱없이 부족했습니다. 그러나 프로젝트가 중단되지 않게 유지하기에는 충분했습니다. 비록 종이를 카드 모양으로 오려서 물리적으로 플레이할 수밖에 없었지만, 팀은 온갖 기발한 아이디어들을 구상하여 실험하기 시작했습니다.

왼쪽 ◀
기본 카드 뒷면 스타일의 초기
스케치.

어쩌면 꼭 "카드" 게임이어야 할 필요도 없었습니다. 어쩌면 하수인들이 애니메이션이 들어간 스프라이트이거나 완전한 3D 렌더링이 될 수도 있었습니다. 어쩌면 전장을 굽어보는 영웅 캐릭터가 존재할 수도 있었습니다. 어쩌면 게임의 목적이 하수인과 주문을 이용해서 상대 플레이어의 방어 기지를 공격하는 것일 수도 있었습니다. 어쩌면 적의 성문을 열었을 때 영웅이 나타나 좀처럼 끝나지 않는 전투의 흐름을 뒤집는 강력한 능력을 발휘할 수도 있었습니다. 이러한 모든 아이디어와 더 많은 아이디어가 콘셉트화되고 프로토타입으로 만들어졌으며 파기되었습니다. 한동안 개발팀은 매주마다 새로운 디자인 프로토타입을 쏟아냈습니다. 많은 아이디어가 각자 장점이 있었습니다. 일부 아이디어는 무척이나 재미있었습니다. 물론 재미가… 떨어지는 아이디어들도 있었습니다.

개발 과정 중 모든 것을 자유롭게 시도할 수 있는 "우리 팀 하고 싶은거 다해" 기간이 필수적으로 일 년 동안 연장되었습니다. 그것은 지금 생각하면 예상하지 못한 이득이었습니다. 다시 팀에 지정된 동료들은 복귀한 다음 플레이테스트를 하면서 아이디어를 자유롭게 나누곤 했습니다. 하스스톤 팀은 일시적으로 분리되었던 동안에도 모두가 무언가 새로운 것을 개발하는 것에 대한 집중력을 잃지 않았습니다.

게임의 핵심인 구성원들이 서서히 자리를 잡기 시작했습니다. 게임은 상대적으로 규모가 작아야 했습니다. 하스스톤 팀은 스타크래프트나 디아블로처럼 완전히 새로운 세계를 구축할 자원이 없었습니다. 이는 카드 게임, 카드 수집 게임이어야 했습니다. 워크래프트 세계를 배경으로 그 세계관의 방대한 신화에서 영감을 얻어 재해석해야 했습니다.

무엇보다 중요한 것은 사람들을 끌어들일 흡입력이었습니다. 다수의 카드 수집 게임은 틈새시장에 자리했고 주류 시장의 플레이어들을 끌어들이지 못하고 있었습니다. 팀은 그것을 바꾸고 싶었습니다.

게임 디자인 자체에서 답의 일부를 구할 수 있었습니다. 팀은 매치 시간을 줄이고 덱 크기를 관리에 적합하게 조정하며 메카닉을 이해하기 쉽게 만들었습니다.

또 다른 해결책은 아트에서 왔습니다. 전체적인 미학은 모든 면에서 접근성이 좋고 친근하게 느껴져야 했습니다. 시각 요소와 아트는 카드 수집 게임이나 워크래프트 게임을 한 번도 플레이해보지 않은 사용자까지 매료시킬 수 있어야 했습니다. 그러한 점에서 이는 절대로 쉬운 작업이 아니었습니다.

오른쪽 ▶
아트와 정보 텍스트의
적절한 균형을 찾기 위한
과정을 보여주는 카드 앞면
스케치.

왼쪽 ◀
전장에서 카드와 하수인의
다양한 표현 방식을 보여주는
프로토타입.

오른쪽 ▶
손에 있는 카드와 전장에
있는 하수인의 차이를
보여주는 프로토타입.

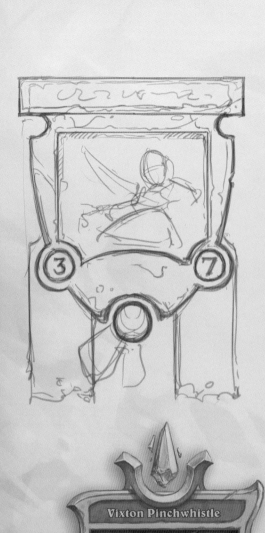

Vixton Pinchwhistle

왼쪽 ◀
전장에 있는 하수인의 초상화
실험. 반복 과정마다 다른
방식의 공격력과 생명력을
시도했습니다.

다음 ▶
마일스톤 프로토타입 확대 보기.
붉은색 눈물 모양의 생명력
아이콘이 최종 디자인으로
연결되었습니다.

26

전면 ◀▶
카드의 능력과 메카닉을
시각적으로 표현하기 위한
스케치와 색상 콘셉트.

실제처럼

개발 초기 시절 아트는 디자인 못지않게 빠르게 변화하고 있었고 게임의 모습은 여러 다른 프로토타입을 거치며 바뀌었습니다. 플레이어는 전장을 정찰하는 장군이었고 성에서서 자신의 군대를 굽어보는 군주였습니다. 구현할 디자인에 따라서 아티스트가 만들어내야 할 사용자 인터페이스와 기술 표준, 기술 조합이 달라졌습니다.

그러한 실험을 거치며 곧 무언가가 분명해지기 시작했습니다. 하스스톤 팀은 카드 게임을 너무도 사랑했고 플레이어들이 그 이유를 이해하기를 바랐습니다. 그들은 게임 메카닉에 더하여 실물 카드 게임을 플레이하는 경험을 보존하고자 애썼습니다. 그들은 새 카드 팩의 비닐을 뜯는 느낌과 새 잉크와 뻣뻣한 종이의 냄새를 좋아했습니다. 디지털 카드 게임은 당연히 그러한 느낌을 재창조할 수 없었습니다. 그러나 게임을 실제처럼 느껴지게 할 여러 방법이 있었습니다.

그것으로 게임은 최대한 실물 게임처럼 느껴져야 한다는 주요 아트 결정이 내려졌습니다. 게임은 카드와 주문에서 깊이를 느낄 수 있도록 3D로 그려져야 했습니다. 실제로도 게임은 카드를 보여줄 예정이었습니다. 공성 전투 중인 도시, 완전하게 재현된 전장 주위로 떠도는 하수인 등 보다 과격했던 게임 디자인은 미루어졌습니다. 실제 카드 게임을 즐기는 방식 그대로 두 명의 플레이어가 게임판을 두고 앉았습니다.

하스스톤의 아티스트들은 서로 협업하며 전체 게임을 견인할 인터페이스의 유려한 방법을 함께 창조했습니다. 그리고 그 모든 것들을 마법 깃든 상자에 집어넣었습니다. 그 상자를 닫는 것은 하스스톤을 출시할 준비가 되었음을 뜻했습니다. 그때가 되면 상자의 각 부분이 마법에 이끌려 움직이기 시작하고 마침내 상자가 열리면 모두가 게임을 플레이하고 있을 것입니다.

이것은 두 번째 중요한 디자인 축, 즉 기념 의식의 느낌을 창조하는 것의 예시였습니다. 그와 동시에 하스스톤이라는 게임 소프트웨어의 출시는 매우 특별한 작업이 되었습니다. 다음으로, 팀은 카드 라이브러리 작업에 들어갔습니다. 디지털 공간에서는 새로운 카드 팩의 포장을 벗길 때 손가락에서 느껴지는 뻣뻣한 포장지의 감촉을 재현할 수 없습니다. 그렇지만 동작을 강력하게 느껴지도록 만들 다른 방법들이 있었습니다. 팩을 여는 행위는 재미가 있어야만 합니다.

해를 넘기며 개발이 진행되는 동안 팩 개봉은 시각적으로 한층 더 정교해졌습니다. 팩은 바깥으로 폭발하여 화면에 입자 효과를 흩뿌리기도 했습니다. 카드는 플레이어에게 모습을 숨기고 나타났습니다. 이것은 의식이라는 개념에서 중요했습니다. 플레이어가 각 카드에 마우스를 가져다 대면 희귀성에 대한 힌트가 제시되었습니다. 마침내 플레이어가 카드를 클릭하는 순간 번쩍이는 색상이 폭발하면서 카드는 앞면을 드러내고 플레이어는 능력치와 메카닉과 카드 그림을 확인할 수 있었습니다.

각각의 전장은 3D로 제작되었고 플레이어들이 기다리는 동안 상호작용하며 즐길 수 있는 소품들이 채워졌습니다. 단순히 플레이 영역을 클릭하는 행동조차 플레이어가 손가락으로 모래판을 누르는 느낌이 들도록 디자인되었습니다.

그런데 시각 효과를 개발하면서 디지털이라는 형식이 제대로 빛을 발하기 시작했습니다. 이 게임에서 마법을 표현하는 방법에 대해서 수많은 논의가 오갔습니다. 정말 꺼칠꺼칠하고 사실적으로 느껴져야 할까요? 아니, 다른 카드 게임과 정확하게 똑같이 느껴져야 합니다. 즉, 특징이 필요했습니다.

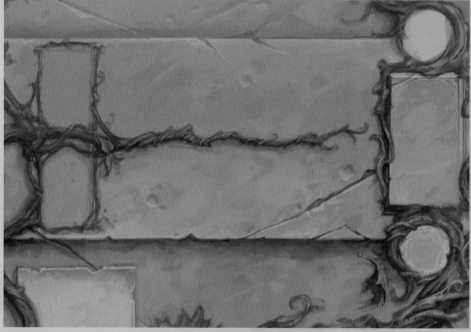

위 ▲
실물 카드 게임 스타일의 전장 세부 콘셉트.

다음 ▶
신비한 화살 및 화염구 특수 효과.

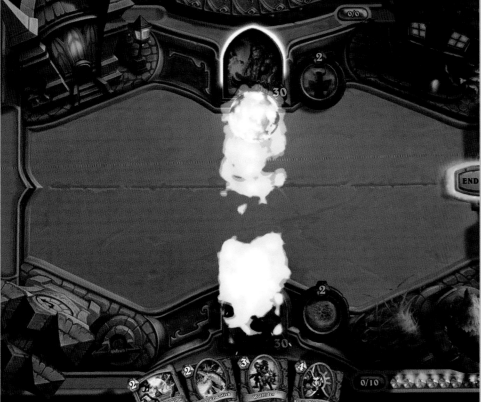

먼저 팀은 고전적인 마법사 주문인 화염구를 구현했습니다. 화면에서는 사실적인 불덩이가 터져 나오지 않았습니다. 특징이 부족했습니다. 따라서 특수 효과 아티스트들은 대상을 향해 똑바로 날아가는 화염구에서 뒤쪽으로 휘감기는 불길과 그 흔적을 구현했습니다. 이를 해결한 다음 개발팀은 다른 주문과 대비시키는 작업을 시작했습니다. 화염구는 만족스러운 한 방이었습니다. 따라서 훨씬 더 강력한 불덩이 작렬은 목표물을 아예 지워버리는 것처럼 느껴져야 했습니다. 한편, 비교적 간단하다고 할 수 있는 신비한 화살 주문은 멋진 곡선을 그리면서 대상에게서 멀어졌다가 다시 돌아가는 형태로 구현되었습니다. 무작위 폭격이 향하는 방향을 살짝 돌림으로써 긴장감을 고조시키는 방법이었습니다.

개발팀은 많은 카드 게임의 메카닉이 신규 플레이어에게 감당하기 어려울 수 있다고 생각했습니다. 주문의 효과를 생성하는 것은 메카닉을 쉽게 이해하도록 도울 수 있을 뿐만 아니라 보기에도 극적인 느낌을 전달할 수 있는 놀라운 방법이었습니다.

뒤틀린 황천이라고 하는 흑마법사 주문은 간단한 메카닉으로 이루어졌습니다. 즉, 모든 하수인을 처치하는 것이었습니다. 3D 아티스트인 John Zwicker는 그 이벤트에 약간의 스타일을 더해줄 아이디어를 제안했습니다. 그는 목업 버전을 만들어 팀에게 보여주었습니다.

개발팀의 여러 인원들은 이 주문을 본 순간, 하스톤의 창의적인 개발 작업에서 지진이 일어났다고 말했습니다.

실물 카드 게임에서 플레이어들은 그저 "죽은" 카드를 집어 들고 옆에 치워둘 뿐이었습니다. 디지털 공간에서는 달랐습니다. 의식이 있고 캐릭터가 있기 때문에 달랐습니다. 뒤틀린 황천을 시전한 순간, 전체 플레이 공간이 거대한 입을 벌린 혼돈과 어둠의 균열이 되어 전장의 모든 하수인을 망각으로 집어삼켰습니다. 균열이 닫힌 자리에는 아무것도 남지 않았습니다. 그것은 감탄을 자아내는 장면이었고 디지털 카드 게임에서만 보여줄 수 있는 특별함이었습니다.

모든 카드가 그런 강력한 효과를 가질 수는 없지만 다시 생각해 보면 모든 카드가 그러한 효과를 갖도록 만들어진 것이 아니었습니다. 팀은 오닉시아, 군주 자락서스, 노즈도르무 등 특정 카드를 목표로 설정하고 극적인 등장이나 지속 효과를 구상하기 시작했습니다. 내부 플레이테스트를 거치면서 플레이어들이 일부 강력한 메카닉을 이해하는 데 현란한 시각 효과가 직관으로 도움이 된다는 것이 분명하게 드러났습니다.

개발팀은 곧 덜 강력한 카드에서도 동일한 효과를 달성했습니다. 천상의 보호막은 월드 오브 워크래프트에서 황금색 타원으로 플레이어를 감싸고 피해를 차단하는 주문입니다. 플레이어들은 종종 이 주문을 "무적 거품"이라고 부릅니다. 개발팀의 아티스트들은 천상의 보호막의 특징적인 타원형을 유지하면서 진짜 거품을 만들기로 결정했습니다. 나타날 때도 살짝 흔들리고 사라지면 비누 거품처럼 터집니다. 이를 통해서 플레이어는 주문의 보호 마법이 사라졌다는 것을 이해할 수 있습니다. 이와 비슷하게 은신 능력이 있는 하수인은 전장에 보이지만 카드 아트에 그림자가 드리워져 있습니다. 초보 플레이어라고 해도 그 카드를 대상으로 지정할 수 없다는 것을 쉽게 이해할 수 있습니다.

플레이어가 순수하게 시각적 수단을 통해서 메카닉을 이해하면 게임의 재미는 직관적으로 강화될 수 있습니다.

인터페이스가 하나로 만들어지고 있었습니다. 하스톤 팀은 플레이테스트를 되풀이하면서 어떤 것이 장점이고 어떤 것을 개선해야 하는지 살폈습니다. 몇 가지 깨달음은 놀랍기까지 했습니다. 그들은 워크래프트 세계 속에서 게임을 제작하고 있었지만 그 세계가 이처럼 표현되었던 적은 그전까지 없었습니다.

하스톤은 자기만의 정체성을 구축하고 있었습니다.

전면 ▲▶

영웅과 덱, 대화창 공간을 갖춘 초기 게임 공간의 스케치 및 전체 UI 콘셉트.

초기 하스스톤 디자인이 물리적인 전장을 통합했다면 이 콘셉트는 다른 접근법을
채택했습니다. 아티스트와 개발자는 플레이 공간을 워크래프트 세계에서 벌어지는
카니발 스타일의 놀이 공간인 다크문 축제의 테이블이라고 상상했습니다.

[Halavar]: I am gonna end this winning streak of yours....
[Pidge Filthfinder]: Not likely Noob!
[Halavar]: That's it, keep talking...

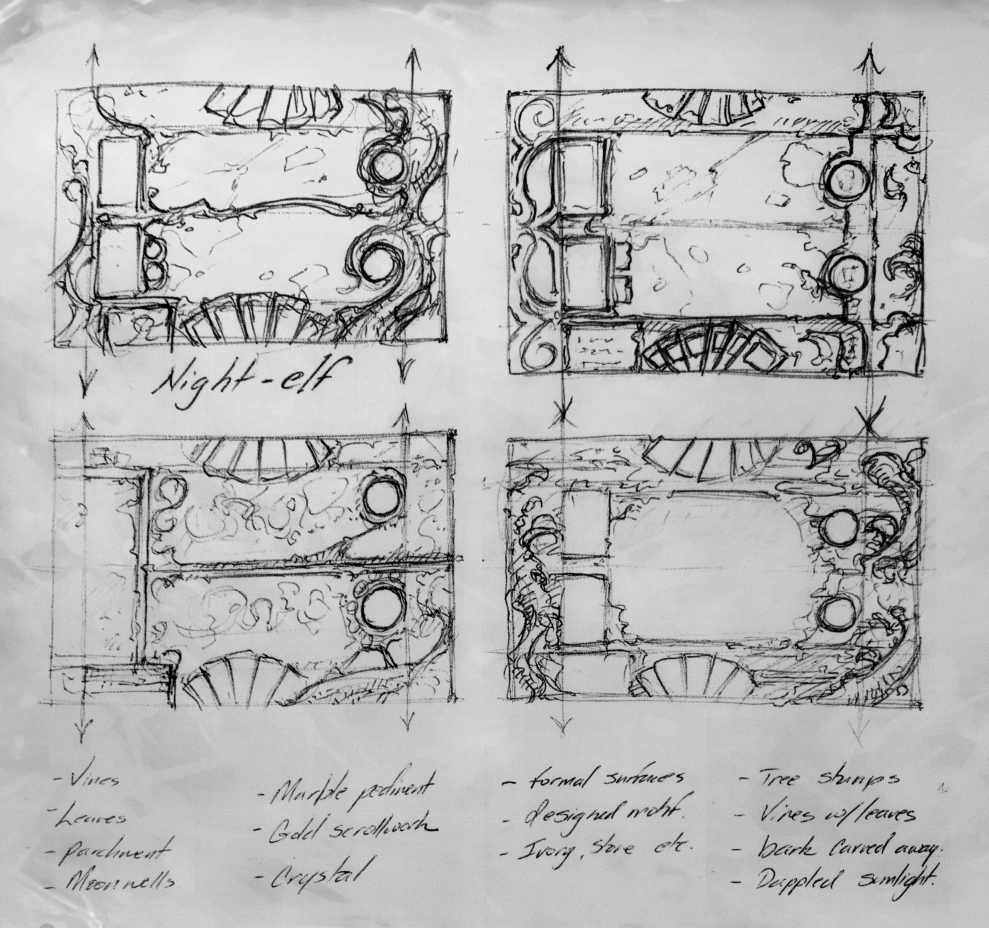

Night-elf

- Vines
- Leaves
- Parchment
- Moonwells.

- Marble pediment
- Gold scrollwork
- Crystal

- formal surfaces
- designed motif.
- Ivory, Stone etc.

- Tree stumps
- Vines w/ leaves
- bark carved away.
- Dappled sunlight.

34

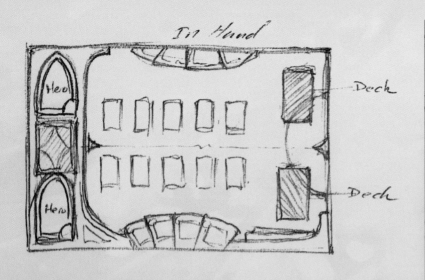

In Hand

Deck

Deck

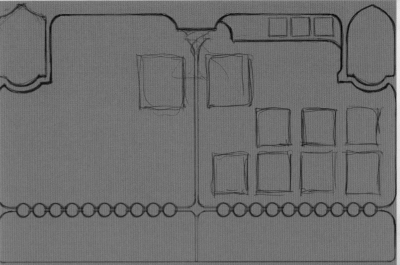

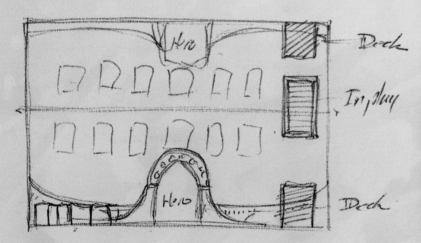

Deck

In play

Deck

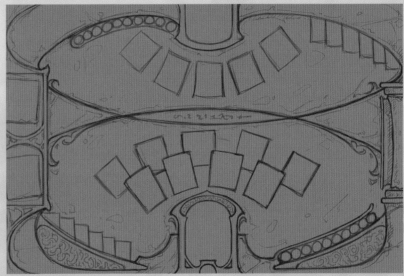

Cards in hand

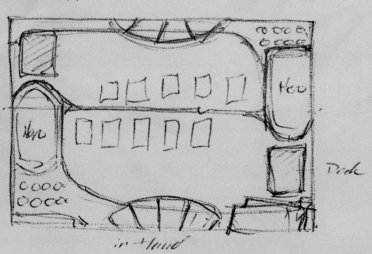

Hero

Hero

Deck

in Hand

오른쪽 ▶
전장의 카드 배열 구상 스케치.

이전 ◀
나이트 엘프와 인간을 주제로 한
초기 디자인.

전면 ◀▶

아티스트들은 여러 카드
디자인을 실험하면서
워크래프트 세계의 캐릭터들이
물리적으로 제작된 게임에서
플레이하는 느낌을 하스스톤에
전달하고자 했습니다. 사물에
낡은 느낌을 줄 수 있도록 찢긴
흔적이나 주름 같은 요소가
사용되었습니다.

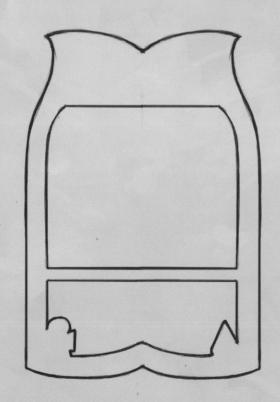

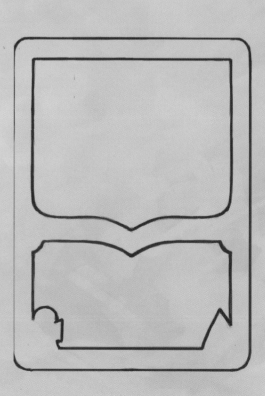

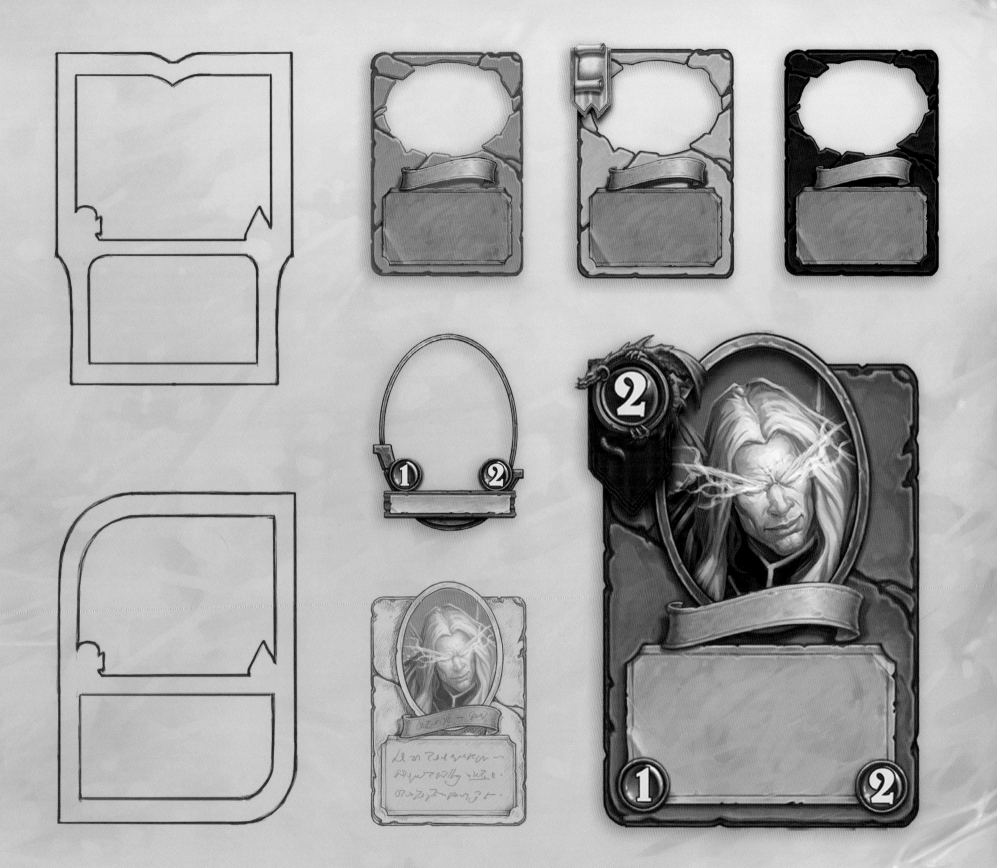

오른쪽 ▶
"세계 속의 세계"라는
아이디어를 이은 초기 게임
콘셉트. 역동적인 지형과
물체로 채워진 플레이 공간이
표현되어 있습니다.

이전 ◀
초기 하스스톤 프로토타입의
사용자 인터페이스 요소

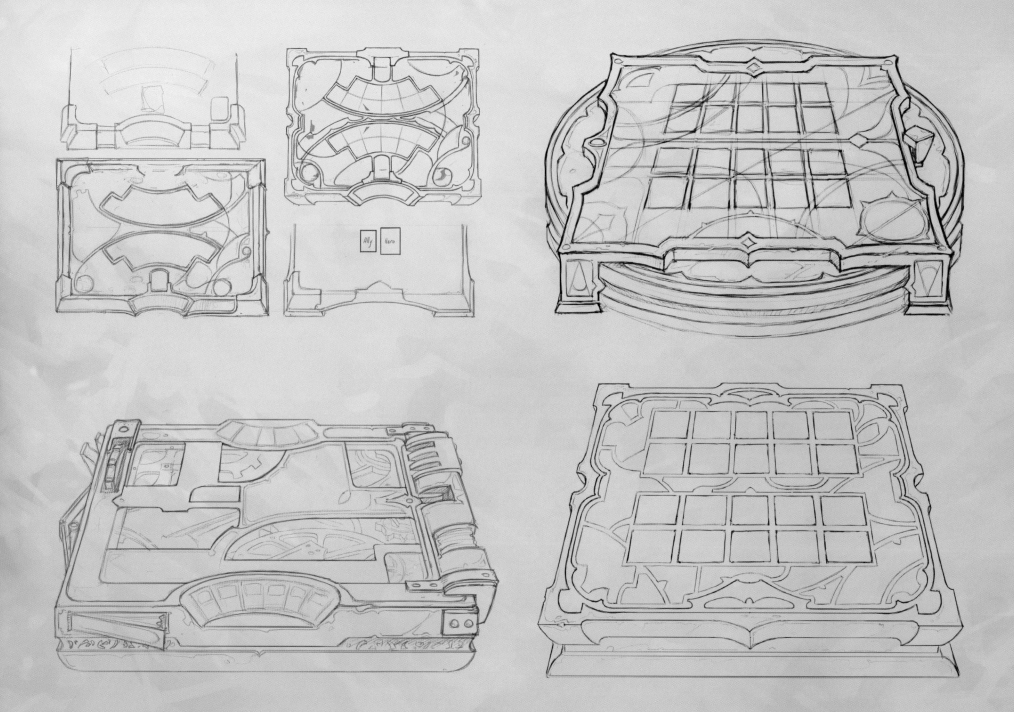

위 ▲
개발팀은 결국 실물 스타일의
전장을 구현하는 데
집중했습니다. 여러 다양한
콘셉트를 스케치했지만 완성
단계까지 진행되지 않았습니다.

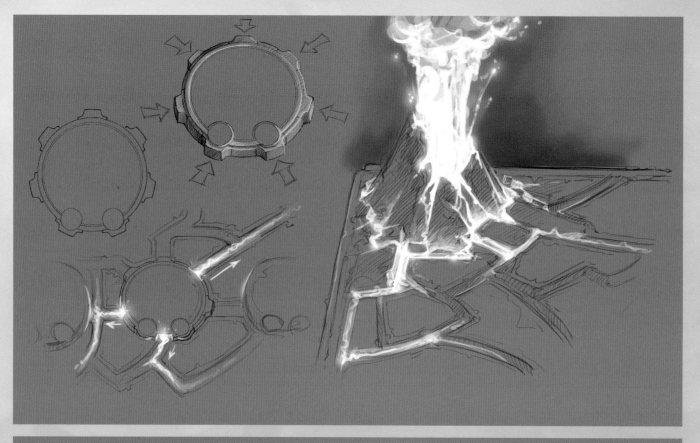

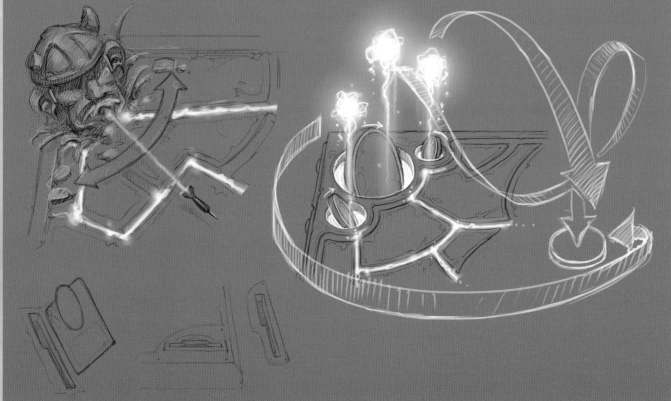

현재 페이지
어느 시점에서 디자이너들은
전장이 하수인에게 피해를
주는 등 게임플레이에 영향을
주는 방법을 상상했습니다.
여기 스케치는 화산 폭발,
화살을 쏘는 조각상, 비전 덫을
보여줍니다.

다음 ▶
전장에서 숨어 있던 대포가
등장하여 하수인들을 공격하는
모습을 보여주는 또 다른
콘셉트입니다.

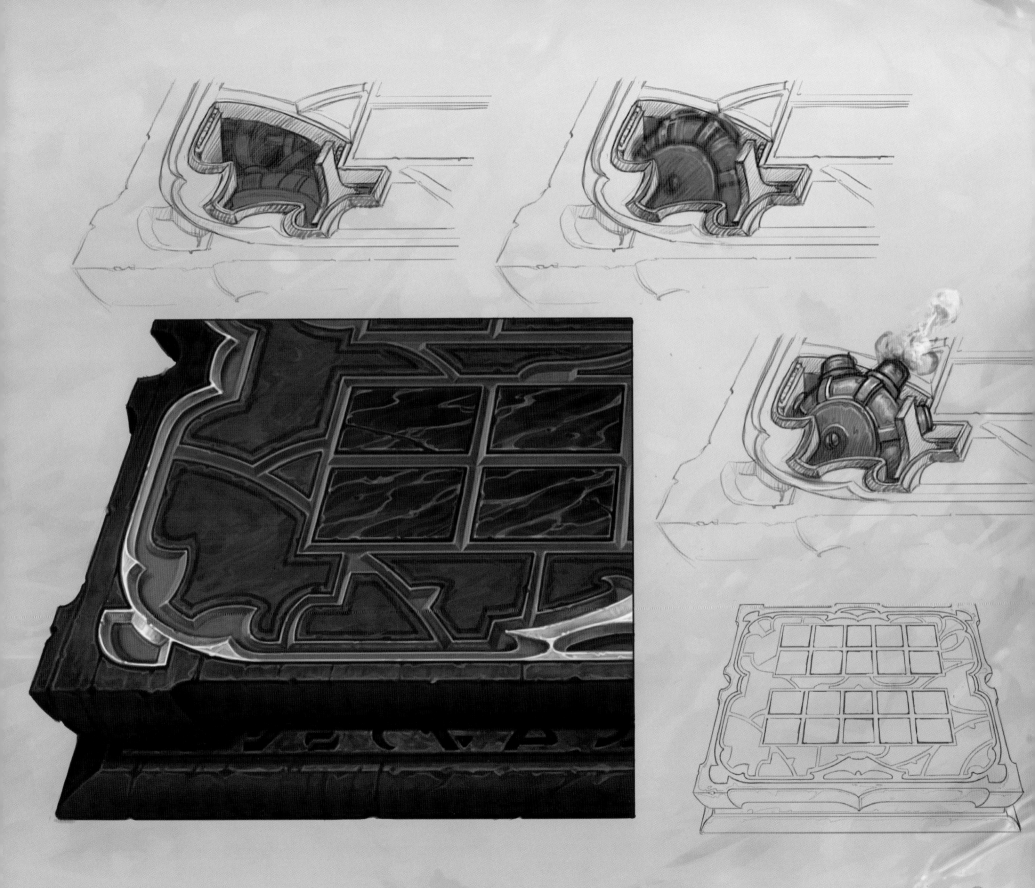

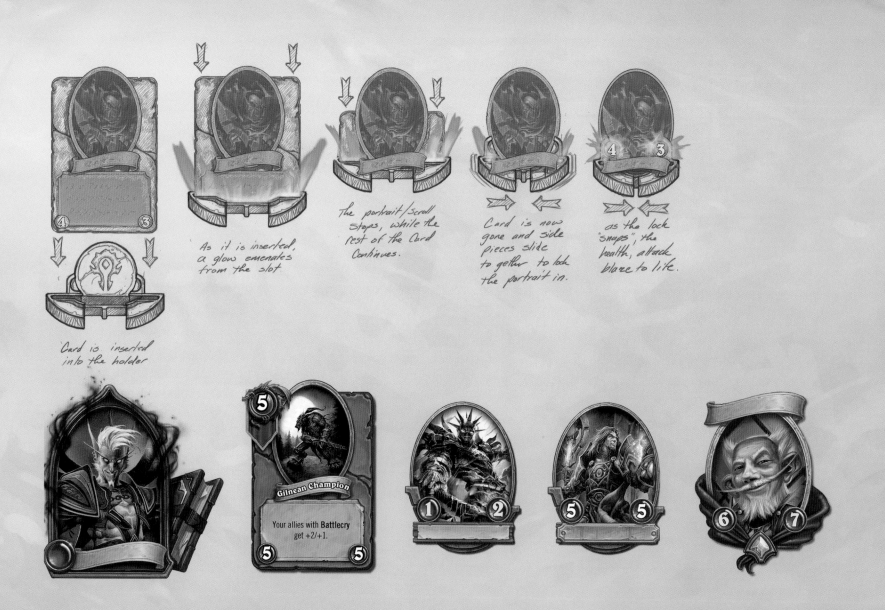

Card is inserted
into the holder

As it is inserted,
a glow emenates
from the slot.

The portrait/scroll
stops, while the
rest of the Card
Continues.

Card is now
gone and side
pieces slide
to gether to lock
the portrait in.

as the lock
"snaps", the
health, attack
blaze to life.

Gilnean Champion

Your allies with **Battlecry**
get +2/+1.

Allies

Enchantments

Weapons

Abilities

디자이너와 아티스트는
플레이 후 여러 부분으로
분리되는 카드 등 카드의 거의
모든 면을 실험했습니다.

영웅과 카드, 플레이하는
하수인의 상대적인 크기를
보여주는 콘셉트입니다.

다른 카드 전면의 이형
(왼쪽에서 오른쪽: 동료,
마법부여, 무기, 능력)

다음 ▶
초기 전장의 콘셉트입니다.
스톰윈드 프로토타입에서
여러 가지 요소가 최종 버전으로
이식되었습니다.

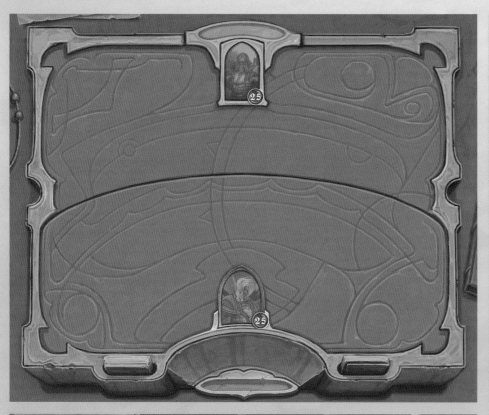
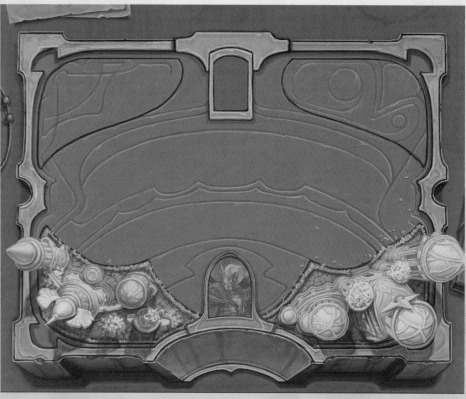

한입 크기 영웅담

블리자드는 원래 압도적인 게임 세계의 경험을 제공하면서 입지를 굳혔습니다. 워크래프트는 실시간 전략(RTS) 시리즈 게임이었고 대규모의 군대가 수많은 전장에서 격돌하는 모습을 위에서 바라본 3인칭 시점으로 담아냈습니다. 이어 월드 오브 워크래프트가 등장했습니다. 지상에서 아제로스의 여러 지역을 탐험하고 레이드에 참여하여 수십 명의 플레이어들과 함께 우주 최강의 적들의 본거지를 습격하여 적을 쓰러뜨리고 매우 정교하게 짜여진 전투를 벌입니다. 특히 강력한 적을 상대하기 위해서는 몇 시간이든 몇 달이든 동료들과 함께 공략법을 익혀야 할 때도 있습니다.

하스톤의 핵심 게임플레이는 그러한 시간의 투자가 필요하지 않았습니다. 각 매치는, 최대 10분을 목표로 설계되었습니다. 워크래프트의 장엄한 경험도 이 게임에 맞게 수정할 필요가 있었습니다.

어깨에 온 세상의 무게를 지고서 매번 매치를 플레이하는 것은 어울리게 느껴지지 않았습니다. 어쩌면 하스톤은 아제로스에서 그 주민들이 플레이하는 게임일 수도 있습니다. 어쩌면 이 게임은 얼라이언스와 호드의 위대한 영웅과 용사가 전장에서 물러나 있을 때 울분을 날려버리는 수단일 수도 있습니다. 친구들과 함께 여관에 앉아 즐길 수 있는 게임 말입니다.

이 콘셉트는 하스톤 경험의 전체를 규정했습니다. 이는 블리자드 내에서 논쟁 거리가 되기도 했습니다. 얼라이언스와 호드의 분쟁은 워크래프트 프랜차이즈의 모든 표현을 정의한 개념이었기 때문입니다.

그러나 이 개발팀의 디자이너들은 플레이 스타일을 직업군으로 구분하는 쪽으로 기울었습니다. 오리지널 월드 오브 워크래프트의 9개 직업을 재현하되 진영의 경계에 따라 구분하지는 않았습니다. 사냥꾼 덱을 가지는 것은 멋진 일이었지만, 사냥꾼 전체 카드의 절반에 해당하는 얼라이언스 카드를 보유하고서 호드 사냥꾼 덱을 채워 나가는 것은 멋지게 느껴지지 않았습니다. 이러한 현실적인 결정은 이 게임이 펼쳐지는 아제로스의 여관에 흥미로운 영향을 끼쳤습니다. 이곳은 진영 간 갈등에서 빗겨나 있는 공간이었습니다.

워크래프트 신화는 이후에도 조정이 필요했습니다. 하스톤의 첫 아홉 개 직업은 프랜차이즈의 역사 전체에서 나왔습니다. 굴단이 수십 년 전에 죽었다고 해도 문제가 되지 않았습니다. 굴단은 워크래프트 프랜차이즈를 상징하는 흑마법사였으며, 따라서 흑마법사 영웅으로 구현되었습니다. 가로쉬 헬스크림이 다음 확장팩, 판다리아의 안개에서 대족장에서 물러나게 된다고 해도 상관없었습니다. 그는 전사 영웅이었습니다. 전혀 새로운 마법사나 주술사를 창조하는 것보다 제이나 프라우드무어나 스랄처럼 직업을 대표하며 잘 알려진 인물을 사용하는 것이 적합하게 느껴졌습니다.

"이 모든 것에는 완벽한 지점이 있었습니다. 우리는 같은 세계에 있지만 플레이어게 약간은 다른 느낌을 제시하고 있었습니다. 익숙한 이야기를 전하고 있었지만 다른 길을 택하고 있었습니다. 우리는 그것을 '워크래프트에서 20도 벗어나기'라고 표현하기 시작했습니다. 더 멀어지면 다른 프랜차이즈처럼 느껴졌습니다. 반대로 더 가까워지면 충분히 다르다는 느낌이 나지 않았습니다." 아트 디렉터인 Ben Thompson은 이렇게 전했습니다.

PAX East에서 게임을 공개한 시점에서는 핵심적인 형태가 완성되었습니다. 수백 개 카드, 몇 가지 상호작용 가능한 전장, 전체 사용자 인터페이스가 제작, 구현되었습니다.

하스톤의 여관을 세상에 개장할 시간이었습니다.

전면 ◀▶
시작 메뉴 및 게임 모드 선택의
사용자 인터페이스 콘셉트 다듬기.

47

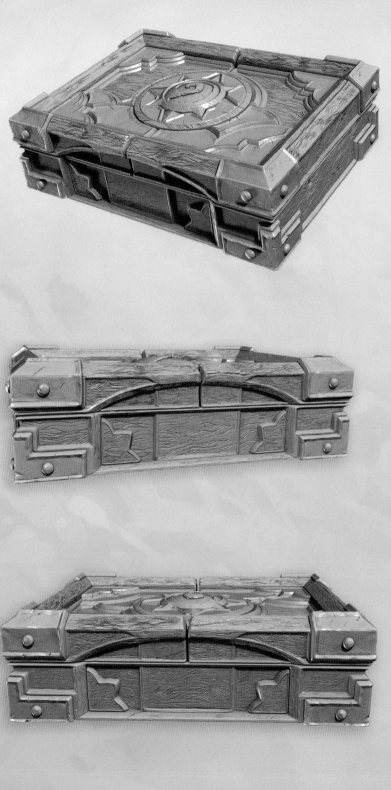

위 ▲
하스스톤 상자의
3D 모델링 콘셉트 아트.

48

오른쪽 ▶
시작 메뉴 프로토타입입니다.
참고로 타이틀이 초기 작업
당시의 Warcraft Legends
인 것을 알 수 있습니다.
이는 나중에 하스스톤으로
변경되었습니다.

위 ▲
놈리건 품질 보증 절차를 통과했다는 인증서와 함께
작업이 마무리된 상자의 뒷면.

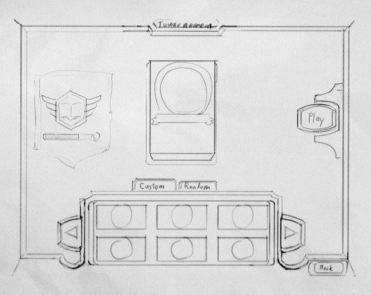

- too messy in hero portraits.
- tabs split?

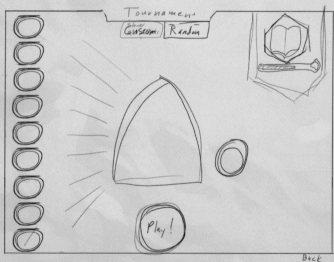

- Play button area is too large.
-

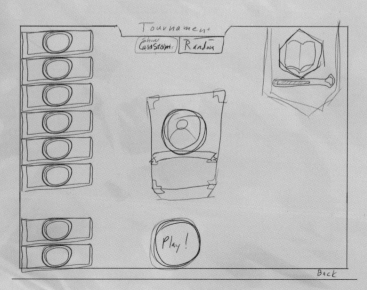

왼쪽 ◀
영웅 선택 화면을 보여주는 초기 스케치.

다음 ▶
극적인 변화를 겪은 영웅 선택 화면.
위쪽 초기 콘셉트에서 개발팀은 캐릭터 초상화가 너무 작다고 생각했습니다.

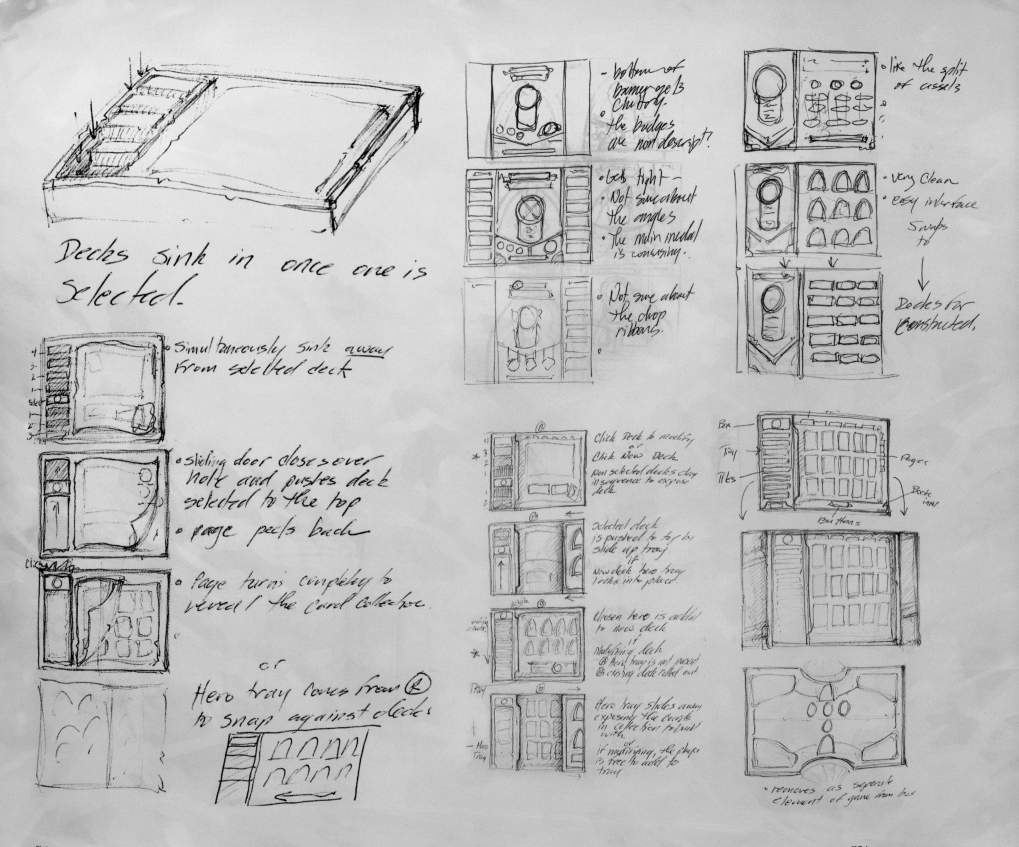

Decks sink in once one is selected.

- simultaneously sink away from selected deck

- sliding door closes over hole and pushes deck selected to the top
- page peels back

- page turns completely to reveal the card collection.

or

Hero tray comes from ® to snap against decks

- bottom of banner age 13 Chittay.
- the budges are non descript?

- get tight —
- Not sure about the angles
- the main medal is confusing.

- Not sure about the chop ribbons.

Click Deck to modify
Click New Deck
Non selected decks close in sequence to expose deck

Selected deck is pushed to top by slide up tray if New deck hero tray locks into place

Chosen hero is added to new deck if modifying deck ® Hero tray is not present ® closing decks slide out

Hero tray slides away exposing the cards in collection to build with or if modifying, the player is free to add to tray

- like the split of cassels

- Very Clean
- easy interface Swaps to
→ Decks for Constructed.

Box
Tray
Tiles
Pages
Pocket inner
Buttons

- removes as separate element of game from box

★ Leather wrapped "flaps".

Pack Opening

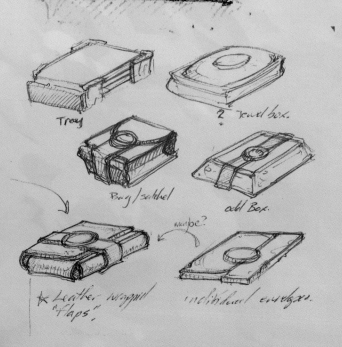

Tray

2. Jewel box.

Bag/satchel

old Box.

maybe?

★ Leather wrapped "flaps".

individual envelopes.

Ⓝ side is the slot area for cards to be flipped upon opening.

Ⓢ side is where the boosters reside.

• pack to be open, hares and tears apart to reveal cards.

• Remenants of previous boosters lying about the box

• Magical remenants etc. scattered about

Ⓝ side unopened boosters (too many?)

Ⓜ Cards to be flipped.

위 ▲
테마를 담은 후속 콘텐츠를 위해 구축 가능한 깔끔하고
쉽게 알아볼 수 있는 디자인의 카드 팩 초기 디자인.

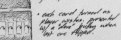

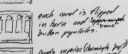
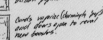

Card Creation

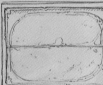

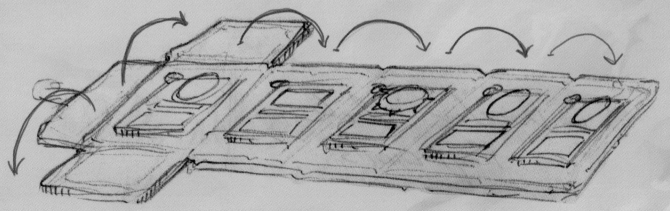

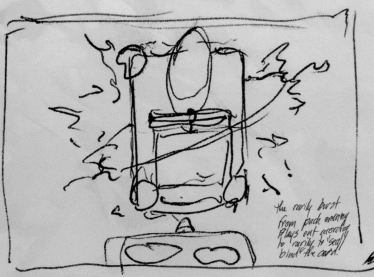

전면 ◄►
거의 최종 단계에 이른 팩 개봉 장면.
쌓인 팩에서 카드가 마법의 폭발을 준비하며
뒤집힌 상태로 옮겨집니다.

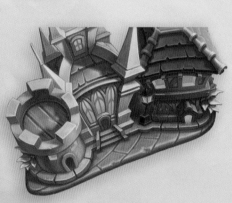

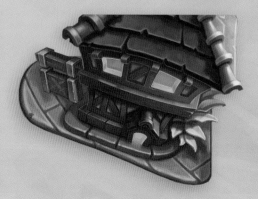

왼쪽 ◀

원래 개발자들은 각 전장
구석의 건물과 구조물이 영웅이
선택하여 플레이하는 직업에
따라서 달라지기를 원했습니다.
그러나 이러한 아이디어가
시각적으로 지나치게
복잡하다고 생각했습니다.
디자인은 각 게임판이
하나의 장소로 제시되도록
단순화되었습니다.

다음 ▶

플레이 가능한 게임판의 완전한
프로토타입.

Waiting...

위 ▲
오그리마 전장의 마일스톤 프로토타입.

이전 ◀
오그리마 (왼쪽 위), 스톰윈드(오른쪽 위), 판다리아(왼쪽 아래),
가시덤불 골짜기(오른쪽 아래) 최종 전장.

1

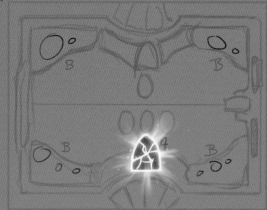

Ⓐ Upon receiving terminal Damage
the Camera shakes as glowing
cracks form in the Hero piece.

Ⓑ As the cracks form, the lights
in the city pieces begin to
flicker / gutter.

2

Ⓐ Cracks Complete, slow blowout
of hero pieces, accompanied
by Confetti.

Ⓑ City lights die out entirely

3

Ⓐ Last ½ - ⅓ of blowout
animation plays at normal
speed. Confetti really pours
out now.

Ⓑ Vignette begins from edge
of screen space.

4

Victory!

Ⓐ 2 scoops "Victory/Defeat" pops
in and plays its animation
roughly 3 sec.

Ⓑ Background is blurred
and vignetted at this
Stage. (confetti can still be seen
in slow motion.

5

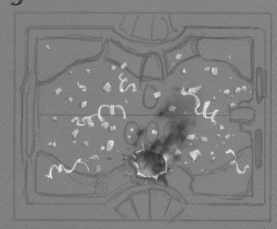

Ⓐ 2 scoops pops away and
we return to the playspace
where the Defeated hero
space is a smoking crater

Confetti from the explosion
can be seen scattered
across the board

Notes:

- Victory -

• All screens play
  as shown here

- Defeat -

• No Fireworks.

• No Confetti

• playspace review
  has debris instead
  of Confetti

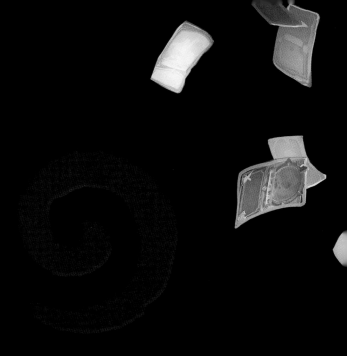

출시!

2013년 말까지 백만 명 이상의 사람들이 하스스톤 비공개 베타에 참가했습니다. 2014년 3월 공식 출시까지 하스스톤에 참여한 인원들은 수백만 명에 이르렀습니다.

하스스톤 팀이 발견한 접근법은 "틈새 장르" 게임을 거부할 수 없도록 만들었습니다. 빠르고 유연한 게임플레이, 참여하고 싶은 분위기, 생생한 아트, 이 모든 것이 더해져 광범위한 사용자를 연결하는 경험을 이루었습니다. 하스스톤이 정식 서비스를 시작한 후 첫 주 동안 수천만 회의 매치가 벌어졌습니다.

전장과 카드 뒷면, 전체 게임이 들어 있는 마법 깃든 상자, 주문 효과의 플레이 방식, 소개 매치의 디자인, 그리고 수많은 크고 작은 기타 창의적인 결정 등 출시까지 준비한 엄청난 양의 아트와 시각 요소의 개발은 게임 자체의 모습을 구현하기 위한 것이었습니다.

대부분의 카드 그림은 블리자드의 기존 워크래프트 아트의 대규모 라이브러리에서 가져왔습니다. 3D 실시간 게임(그리고 확장팩!)의 개발, 현재까지 가장 성공적인 MMORPG의 개발, 실물 트레이딩 카드 게임(역시 수많은 확장팩이 있습니다!)은 하스스톤 팀에서 골라 사용할 수 있는 수천 개에 달하는 아름답고 정교하게 다듬어진 멋진 아트를 제공해 주었습니다. 덕분에 그림의 품질에 대한 기준점을 설정할 수 있었고 다음 카드를 선보일 수 있는 영역을 구축할 수 있었습니다.

왼쪽 ◀
Marcelo Vignali

개발팀의 아티스트들은 카드마다 특별한 장식을 입혔습니다. 황금 카드의 경우 아티스트는 각 그림의 레이어에 생명력을 불어넣었습니다. 그들은 이미지마다 무한 반복되는 시각 요소를 구현하여 시간이 순간적으로 얼어붙는 듯한 초현실적인 느낌을 더했습니다. 출시 전까지 그러한 효과를 400개 이상 제작하는 것은 엄청난 작업이었으나 그것은 매우 개성적이고 성공적이었으며, 첫 번째 하스스톤 시네마틱 트레일러에서도 그 스타일을 모방하여 사용했습니다.

블리자드가 "모션 스토리" 또는 "2.5D 애니메이션"이라고 부르는 스타일로 제작된 출시 발표 트레일러는 3D의 입체감과 동작에 2D 그림을 적용한 것입니다. 트레일러는 캐릭터 그림이 아제로스 곳곳에서 초저속의 동작으로 전투를 벌이는 듯한 착시 효과를 구현합니다. 비록 첫 시네마틱의 진지한 톤은 얼마 가지 않아 보다 기발한 방식에 자리를 내어줬지만 이 스타일은 하스스톤의 시네마틱을 정의하게 되었습니다.

개발팀은 블리자드의 아트 아카이브로 추가 확장팩에서 하스스톤 카드 아트의 다수를 해결할 수 있기를 바랐습니다. 아트 디렉터인 Ben Thompson은 웃으며 이야기했습니다. "너무 안일한 생각이었어요!"

개발팀은 하스스톤의 공식 출시 전부터 자체적인 스타일로 워크래프트의 시각 스타일을 찾아야 한다는 것을 알고 있었습니다. 블리자드의 아카이브는 정말로 대단했지만 하스스톤의 쏟아지는 아트의 수요를 해결하기에는 부족했습니다. CCG의 특징은 주기적으로 새로운 카드를 출시한다는 것입니다. 하스스톤은 블리자드로서는 이례적인 개발 속도, 즉 연 3회 출시 주기에 맞추어 작업해야 했습니다.

혹자는 말하죠. 전략과 힘을 지배해야 이길 수 있다고요.

— 제이나 프라우드무어

오른쪽 ▶
Mathias Verhasselt

위 ▲
Alex Horley Orlandelli

위 ▲
Bernie Kang

위 ▲
Chippy Dugan

다음 ▶
Jason Chan

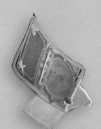

왼쪽 페이지
왼쪽 위 ◀◀
Wei Wang
오른쪽 위 ▲▶
Alex Horley Orlandelli
왼쪽 아래 ▼◀
Alex Horley Orlandelli
오른쪽 아래 ▼▶
Raymond Swanland

다음 ▶
Raymond Swanland

위 ▲
Jim Nelson

위 ▲
Jim Nelson

위 ▲
Leo Che

위 ▲
Steve Hui

위 ▲
Dan Scott

왼쪽 위 ▲◄ Wayne Reynolds
오른쪽 위 ▲► Wayne Reynolds
왼쪽 아래 ▼◄ Raymond Swanland
오른쪽 아래 ▼► Vance Kovacs

다음 ► Wayne Reynolds

위 ▲
James Ryman

위 ▲
Alex Horley Orlandelli

왼쪽 위 ▲◄ Trevor Jacobs
오른쪽 위 ▲► Chris Seaman
왼쪽 아래 ▼◄ Matt Dixon
오른쪽 아래 ▼► Alex Horley Orlandelli

다음 ► Laurel Austin

위 ▲
Raymond Swanland

위 ▲
Raymond Swanland

위 ▲
Trevor Jacobs

위 ▲
Kev Walker

이전 ▲
Wei Wang

위 ▲
Brom

위 ▲
Alex Horley Orlandelli

위 ▲
Zoltan Boros, Gabor Szikszai

위 ▲
Glenn Rane

위 ▲
Mike Krahulik (Penny Arcade)

위 ▲
Monica Langlois

위 ▲
Alex Horley Orlandelli

위 ▲
Gabor Szikszai

위 ▲
Zoltan Boros, Gabor Szikszai

99

왼쪽 위 ▲◀ Steve Prescott
오른쪽 위 ▲▶ Mike Sass
왼쪽 아래 ▼◀ Steve Prescott
오른쪽 아래 ▼▶ Mike Sass

다음 ▶ Wayne Reynolds

위 ▲ Zoltan Boros, Gabor Szikszai

다음 ▶ Michal Ivan

2

CURSE OF NAXXRAMAS™

승리는 너무 달콤해…
마치 밀크 셰이크,
아니 초콜릿 셰이크 같지.

— 켈투자드

낙스라마스의 저주

게임이 출시되기 전부터 개발자들은 후속 확장팩 작업에 착수했습니다. 1년 동안 블리자드 내부에서 철저한 테스트를 진행하고 하스스톤 베타 동안 수백 건의 매치를 거쳤기 때문에 개발팀은 플레이어들이 덱을 어떻게 구성하고 어떤 전략이 우세하며 어디에서 메타 게임을 흔들어야 하는지에 대한 수많은 데이터를 확보할 수 있었습니다.

하스스톤의 첫 번째 모험을 위해 개발팀의 게임 디자이너들은 하수인들이 전장에서 죽을 때 온갖 종류의 해롭거나 이로운 효과를 발동하는 죽음의 메아리라는 메카닉을 강화하기로 결정했습니다. 게임플레이 관점에서 하수인들을 더욱 전략적으로 의미 있게 만드는 것이 중요했습니다. 아트 관점에서 이는 구울과 좀비, 그리고 언데드의 모든 멋진 시각 및 음향 효과를 살릴 수 있는 완벽한 기회였습니다.

출시 후 게임의 첫 번째 콘텐츠의 주제는 월드 오브 워크래프트의 가장 상징적인 레이드 중 하나였던 낙스라마스였습니다. 이 어둡고 음침하여 소름 끼치는 죽음의 요새는 끝없는 공포와 달콤한 전리품이 깃든 장소였으며 수개월 동안 플레이어들을 불러들였습니다.

하스스톤은 그러한 설정과 캐릭터, 그리고 수많은 익숙한 우두머리들을 데려와 하스스톤의 첫 번째 모험을 구성했습니다. 낙스라마스의 저주에 등장하는 각 우두머리는 고유한 메카닉과 덱을 갖추었으며 플레이어들에게 카드 컬렉션에서 특별한 해결책을 찾아내도록 요구했습니다.

하스스톤이 빌려오지 않은 것 하나는 톤이었습니다. 강령술사 켈투자드의 이야기는 배신과 학살, 파괴로 얼룩지고 뒤틀린 것이었습니다. 리치 켈투자드는 그 자체로 어둠의 그림자를 드리웠으며 공공연하게 살아 있는 세계의 종말을 갈구했고 고통을 선사할 때마다 기쁨을 숨기지 않았습니다.

하스스톤 개발팀은 이를 기회로 하여 다시금 상상력을 발휘했습니다. 개발팀은 게임이 지나치게 어둡게 느껴지기를 바라지 않았습니다. 새로운 카드와 새로운 전장에는 끓어오르는 가마솥과 해골, 어둠의 마법, 유독한 수액이 채워졌습니다. 그러나 낙스라마스의 지배자이자 더없이 기고만장한 리치 켈투자드는 자신에게 도전하고자 찾아온 "침입자"들의 존재에 당황했습니다.

플레이어가 낙스라마스에 들어온 순간부터 켈투자드는 그들을 엄청나게 비판하며 침입자들의 무례함에 대해서, 그들의 덱에 대해서, 그리고 침입자들이 쓰러뜨린 "쓸모없는" 하수인에 대해서 떠들어 댑니다.

그것은 한 편의 실험과도 같았습니다. 플레이어들이 이 어둡고 우스꽝스러운 조합을 좋아할 수 있을까? 익숙한 악당을 새롭게 조명하는 것을 즐길 수 있을까?

답은, 단도직입적으로 옳았습니다. 낙스라마스의 저주는 엄청난 성공을 거두었고 하스톤 플레이어들은 더욱 뜨거운 성원을 보냈습니다.

하지만 운 좋게도
네가 살아남는다면…
달콤한 전리품이 기다리고 있죠!

— 낙스라마스의 저주 트레일러

왼쪽 ◀
Mathias Verhasselt,
Jason Kang

위 ▲
Tyson Murphy

다음 ▶
새롭게 디자인된 낙스라마스의 저주 전장.

0/1

30

Waiting...

30

0/1

전면 ◀▶
최종 승리 캐릭터 스케치 및 초상화, Jomaro Kindred

CONGRATULATIONS!

위 ▲
Raymond Swanland

위 ▲
Matt Dixon

다음 ▶
Ralph Horsley

위 ▲
Eric Braddock

위 ▲
Tyson Murphy

다음 ▶
Alex Horley Orlandelli

위 ▲
Wei Wang

이전 ◀
Matt Dixon

위 ▲
Luke Mancini

위 ▲
Alex Horley Orlandelli

다음 ▶
Alex Horley Orlandelli

위 ▲
Zoltan Boros, Gabor Szikszai

이전 ◀
Raymond Swanland

왼쪽 ◀
Chris Rahn

다음 ▶
Guangian Huang

3

GOBLINS vs GNOMES™

칙칙폭폭!
칙칙폭폭!

一 꿍꿍로봇

고블린 대 노움

하스스톤의 다음 콘텐츠 출시는 2014년 말이었습니다. 그것은 하스스톤에서 가장 큰 확장팩이었습니다. 낙스라마스의 저주에서는 신규 카드가 30개 추가되었지만 이 확장팩에는 120개 이상이 예정되어 있었습니다. 또한 첫 번째 모험과는 전혀 다른 주제를 다루었습니다.

어둠의 좀비와 언데드 하수인은 사라졌습니다. 발명, 제대로 교정되지 않은 기계, 어설프게 조립된 불안정한 폭약을 들여올 시간이었습니다. 하스스톤의 첫 번째 완전한 확장팩인 고블린 대 노움은 무엇보다, 그러니까 작업장 안전보다도 천재성을 중시한 월드 오브 워크래프트의 두 종족을 기념하기 위한 것이었습니다.

블리자드 아트 아카이브를 카드 그림에 활용하고자 했던 팀의 기대는 이제 흔적도 없이 사라졌습니다. 광기에 찬 기계 괴수, 웃음이 나오는 폭발 장면, 파괴되면서 수십 개 하수인 중 하나를 토해내는 실험적 벌목기의 그림이 숨겨져 있는 비밀의 상자는 없었습니다. 이번 확장팩에서 "워크래프트에서 20도 벗어나기"는 하스스톤 개발팀이 스스로 그 길을 개척하는 작업을 의미했습니다.

수많은 외부 아티스트들이 이 작업에 참가했고 수개월 만에 게임 업계 최고의 아티스트들이 참여한 몇몇 작품을 포함, 100개 이상의 새로운 그림이 준비되어 게임에 실렸습니다. 그것은 카드의 메카닉을 디자인하고 그림을 담당할 아티스트를 찾고 아티스트와 함께 독특하고 인상적인 작품을 창조하는 게임 전체의 창조적인 파이프라인에 대한 거대한 테스트나 마찬가지였습니다. 결과는 놀라웠습니다.

고블린 대 노움은 엄청난 성공을 거두었습니다. 어쩌면 하스스톤이 스스로의 길을 개척할 때 무엇을 이룰 수 있는지 가장 분명히 증명해주는 사례였는지도 모릅니다.

2014년 말 즈음에는 천만 명 이상의 플레이어들이 하스스톤 여관에 들어왔습니다. 그러나 이는 하스스톤의 여정에서 시작에 불과했습니다.

제대로 엉망진창, 고블린과 노움!

— 시네마틱 트레일러

위 ▲
오리지널 아트, Leo Che. 특수 효과 추가, 블리자드 시네마틱 팀.

이전 ◄
Jesper Ejsing

위 ▲
고블린 대 노움 전장의 구석 요소 및
상호작용형 디자인 스케치.

다음 ▶
플레이 가능한 최종 고블린 대 노움 전장.

0/0

2

30

END TURN

2

30

1/1

3

3

Intellect

2

Spider Tank

Unstable Portal

5

Madder Bomber

위 ▲
고블린 대 노움 카드 팩은 몇 차례 반복 작업을 거쳐서
기계공학 스타일로 녹슨 볼트와 전선을 추가하여 완성되었습니다.

다음 ▶
고블린 대 노움 카드 팩의 개봉 애니메이션 스케치.

위 ▲
Alex Garner

위 ▲
Phil Saunders

위 ▲

Jomaro Kindred

위 ▲

Matt Dixon

위 ▲
Matt Dixon

위 ▲
Matt Dixon

왼쪽 ◀
Chris Seaman

다음, 왼쪽 ▶◀
Trent Kaniuga

다음, 오른쪽 ▶▶
Alex Horley Olandelli

위 ▲
Brian Despain

위 ▲
Raymond Swanland

위 ▲
Alex Horley Olandelli

위 ▲
Mike Sass

4

불타는 육신! 용의 숨결!
검은 발톱들! 영웅이여,
증명하라! 용기를…
혹은 광기를!

— 시네마틱 트레일러

검은바위 산

낙스라마스의 저주에서 월드 오브 워크래프트의 고전적인 레이드를 재해석한 것처럼 하스스톤의 2015년 첫 모험은 워크래프트 MMORPG의 모든 확장팩을 거치며 무려 여섯 개의 던전과 레이드에 등장했던 아제로스의 상징적인 공간을 다시 불러냈습니다.

검은바위 산은 그곳에 함께 자리한 악명 높은 두 명의 지배자와의 전투를 그려냈습니다. 지하의 화산심장부를 다스리는 불의 군주 라그나로스, 그리고 지상에 우뚝 솟은 검은바위 첨탑을 지배하는 검은용 네파리안이 그 주인공들입니다. 두 인물은 전혀 양립할 수 없는 존재였습니다. 따라서 네파리안은 불의 정령의 지배자를 내쫓고자 강력한 모험가들의 도움을 청했습니다. 결국 상황은 네파리안의 손을 걷잡을 수 없이 벗어나 버렸습니다. 누군들 상상이나 했을까요?

많은 클래식 레이드 우두머리가 모험의 공간에 등장하고 그중에서 다수가 플레이 가능한 카드에 포함되었습니다. 검은바위 산은 열성적인 월드 오브 워크래프트 플레이어들이 수년 동안 습격했던 장소였기 때문에 하스스톤 개발팀이 그곳을 지배하고자 벌이는 각 진영의 느낌을 그대로 살려내는 것이 중요했습니다.

승리를 향한 길은 검은바위 나락에서 시작되었습니다. 검은무쇠 드워프들이 즐겨 찾는 장소인 험상궂은 주정뱅이 선술집에서 대난투가 벌어졌습니다. 월드 오브 워크래프트 플레이어들이 이미 오래전에 파악한 대로, 그 선술집 손님들과는 우격다짐을 벌이지 않는 것이 최선입니다. 동료들을 소환하여 단체로 아수라장을 만드는 꼴을 보고 싶지 않다면 말입니다. 매우 강력하고 위험한 험상궂은 손님은 몇 달 동안이나 그 싸움 장면에서 회자되었으며 지도자인 제왕 타우릿산은 더 오랜 시간 이야기되었습니다.

이전 페이지 ▲▲
Luke Mancini

오른쪽 ▶ 확장팩 트레일러의 시네마틱 아트.
카메라가 아래에서 시작하여 서서히 위로 올라갑니다.

다음 ▶▶ Raymond Swanland

다음 도전 상대는 불의 정령의 군주, 라그나로스였습니다. 화산심장부는 주인을 일찍 깨우곤 하는 몇몇 부하들을 포함하여 가장 강력한 부관들이 머무는 라그나로스의 본거지였습니다. 그러나 라그나로스는 패배했고 그것은 시작일 뿐이었습니다. 네파리안에게는 미안하지만, 전리품에 대한 모험가들의 욕망은 아직 채워지지 않았고 그들은 검은용과 그의 모든 하수인들을 일소하기 위해 검은바위 산 상부를 습격했습니다.

이번 모험은 기술과 디자인 측면에서도 몇 가지 새로운 발전을 선보였습니다. 군주 자락서스를 상대한 플레이어라면 잘 알고 있듯이 이전에도 "영웅 교체" 카드가 없지는 않았습니다. 그러나 그것은 일회성 효과로 디자인된 것이었습니다. 영웅 교체는 이제 되풀이할 수 있는 기능이 되어야 했습니다.

결국 화산심장부를 정복한 플레이어는 새로운 영웅으로 라그나로스를 소환하는 청지기 이그젝큐투스를 소유할 수 있게 되었습니다. 또한, 우두머리 전투 중 네파리안의 초상화가 게임판에 나타나 상공에서 위협을 가하면서 플레이어에게 모욕과 저주를 퍼부었습니다. 다수의 플랫폼을 대상으로 이를 구현하는 기술을 준비하는 것은 절대 쉬운 작업이 아니었으며, 플레이어들은 그에 못지않은 힘상궂은 손님 덱으로 무한히 하수인을 늘려가면서 게임 엔진을 한계까지 압박했습니다. 소용돌이 효과는 전장 전체에 1의 피해를 주면서 길게 이어졌고 결과적으로 애니메이션 때문에 플레이어의 시간이 부족해지게 되었습니다. 일부 약삭빠른 플레이어들은 덱으로 상대의 턴에 영향을 주는 방법을 찾아내기도 했습니다. 그러한 극단적인 사례들은 확인을 거쳐 신속하게 패치가 이루어졌습니다. 이때 얻은 교훈은 향후 발생할 수 있었던 많은 문제를 해결해 주었습니다.

오른쪽 ▶
Jomaro Kindred

다음 ▶▶
Kim Tae Kyeong

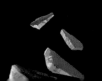

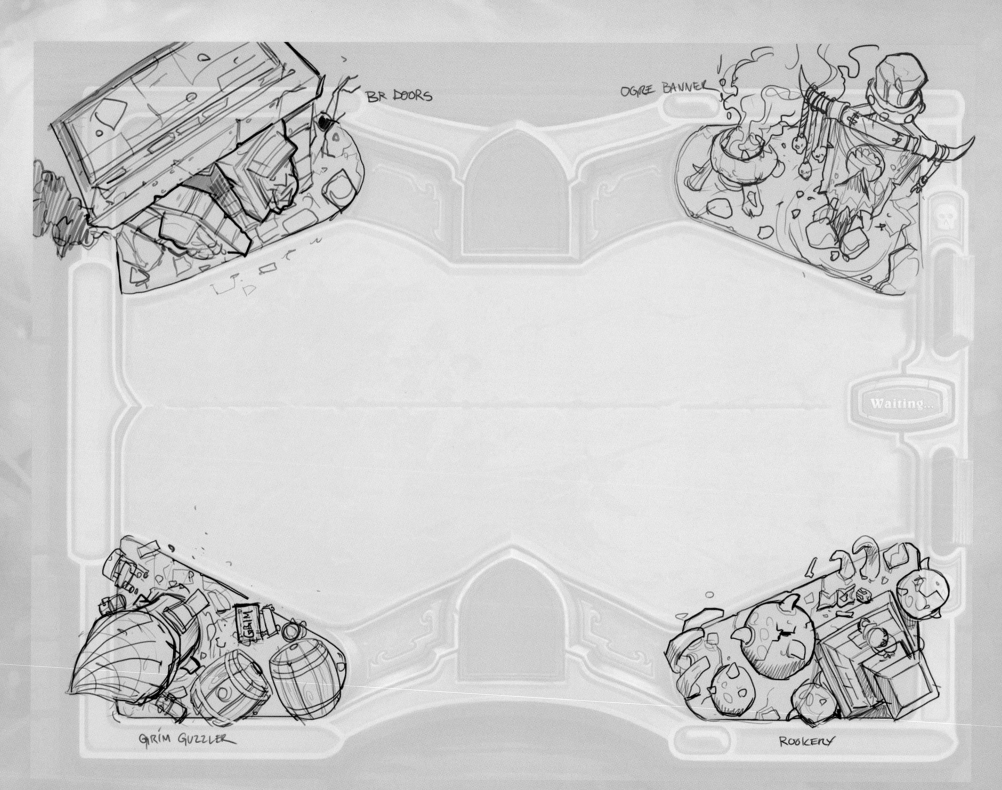

BR DOORS

OGRE BANNER

Waiting...

GRIM GUZZLER

ROOKERY

위 ▲
검은바위 산 전장 가장자리 요소 후보 스케치.

다음 ▶
확장팩의 최종 플레이 전장.

0/0

30

2

END TURN

30

2

1/1

위 ▲
Jomaro Kindred

위 ▲
Wayne Reynolds

160

Mauricio Herrera

Jaemin Kim

위 ▲
Samwise Didier

다음 ▶
Andrew Hou

Eric Braddock

Bobby Chiu

위 ▲
James Ryman

위 ▲
Alex Horley Olandelli

위 ▲
Todd Lockwood

위 ▲
Stanley Lau

위 ▲
Matt Dixon

위 ▲
Gabor Szikszai

167

위 ▲
Chris Rahn

위 ▲
Zoltan Boros

다음 ▶
Zoltan Boros

168

5

the Grand Tournament

협상을 해보자.
지금 항복하면 목숨은 살려주지.

— 연합용사 사라아드

대마상시합

리치 왕의 분노가 출시되었을 때, 플레이어들은 삭풍이 몰아치는 노스렌드의 동토를 여행하면서 은빛십자군 마상시합이라고 불리는 일련의 시험에서 서로를 상대로 무용을 겨루었습니다. 시험에서 승리한 이들은 함께 힘을 모아 언데드 스컬지의 지배자를 상대했습니다. 용사들은 언데드의 우두머리를 쓰러뜨렸고 아제로스의 완전한 파괴를 막아냈습니다.

그렇지만 그때 승리하지 못한 이들은 어떻게 되었을까요? 그들은 고향을 향해 무거운 발걸음을 돌렸습니다. 그리고 여러 해가 지나고 따뜻한 계절이 돌아왔을 때 많은 이들이 자존심을 되찾기를 바랐습니다. 이번에는 리치 왕을 상대할 일도 없었습니다. 이는 단지 권리와 구원의 부르짖음이었습니다.

그들은 다시 대마상시합을 위해 모여들었습니다. 2015년에 출시된 이 확장팩에는 수십 명의 아티스트가 제작한 132장이 넘는 카드가 포함되었습니다. 그들은 최고의 상상력을 발휘하여 더없이 신기하고 더없이 웅장한 마상시합의 장면을 빚어냈습니다.

아트는 온 아제로스에서(그리고 그 너머에서도!) 찾아온 용사와 종자, 수행원, 그리고 물론, 그들이 상대할 괴물과 시합을 보러 모여든 군중에게도 초점을 맞추었습니다. 이 확장팩에서는 영웅 능력도 상향되었습니다. 물론, 영웅 능력 자체의 능력이 강화된 건 아니고(덱에 심판관 트루하트가 있는 경우는 예외로 하자고요!) 격려라는 새로운 시스템이 추가되었습니다. 격려 능력이 있는 하수인이 전장에 있으면 턴마다 2의 마나로 사용할 수 있는 영웅 능력이 훨씬 강력한 효과를 낼 것입니다.

이전 페이지 ▲▲
Matt Dixon

오른쪽 ▶
Laurel Austin

왼쪽 ◀
Andrew

다음 ▶
Andrew

그러나 한 가지 질문은 영원한 수수께끼로 남겨졌습니다. 수많은 경쟁자와 도전자 중에서 실제로 대마상시합에서 승리한 주인공은 누구였을까요?
그 답은 간단히 말씀드리자면, "알 필요 없다!"

온 세상의 영웅들이여!
영광스러운 이 무대로 오라!

— 시네마틱 트레일러

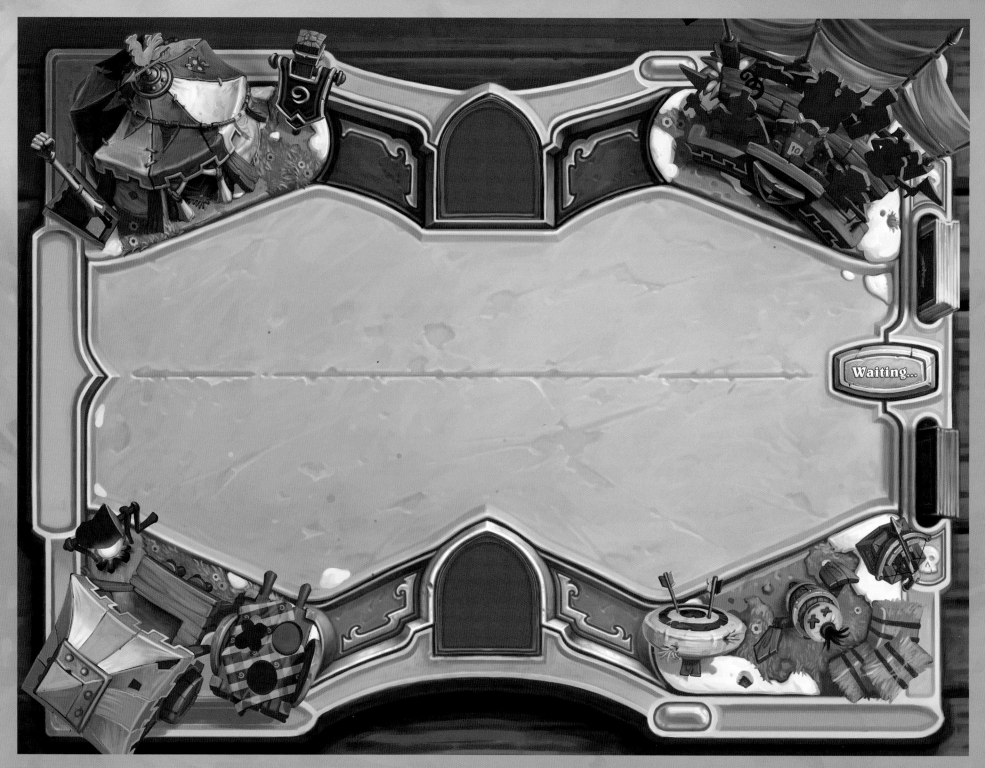

Waiting...

위 ▲
대마상시합 전장 초기 모델.

다음 ▶
플레이 가능한 최종 전장.

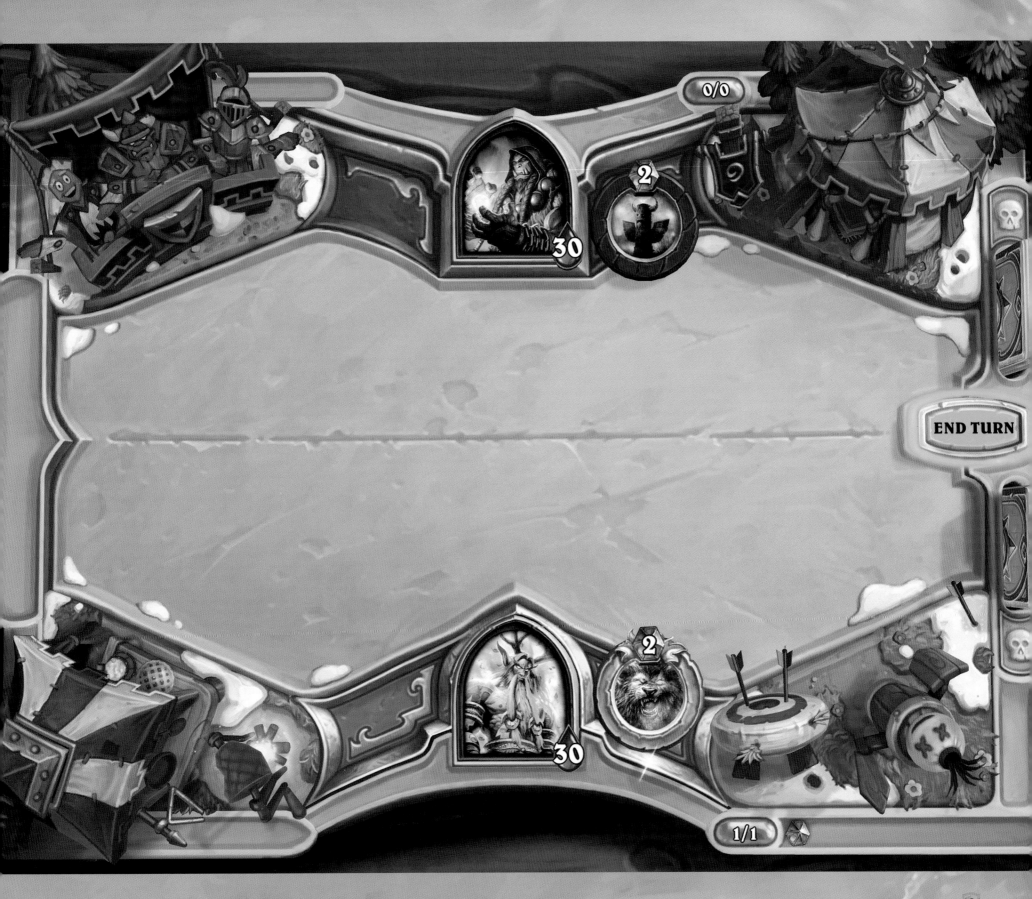

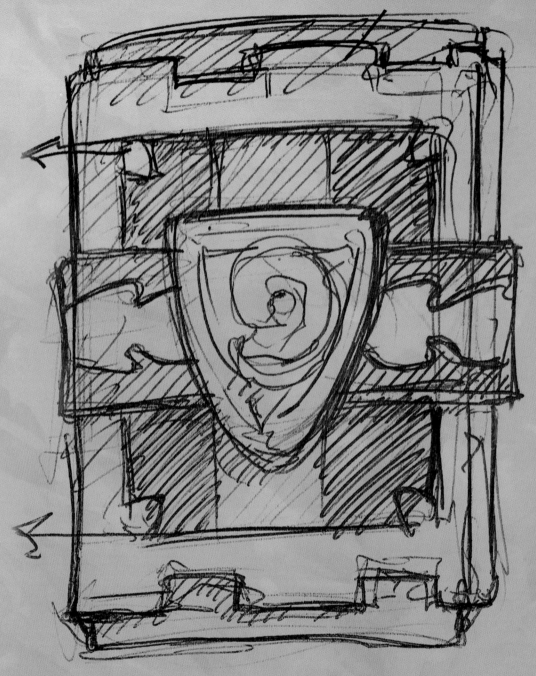

위 ▲
대마상시합 카드 팩의 디자인 스케치 반복 다듬기.

다음 ▶
팩 개봉 애니메이션 콘셉트.

위 ▲
Sam Nielson

다음 ▶
James Ryman

왼쪽 ◀
Evgeniy Zagumyenny

다음 ▶
Jesper Ejsing

위 ▲
Alex Horley Olandelli

위 ▲
Matt Dixon

190

위 ▲
Zoltan Boros

위 ▲
Zoltan Boros

오른쪽 ▶
Edouard Guiton,
Tony Washington

6

THE LEAGUE OF EXPLORERS

안녕하십니까, 탐험가님.
제가 지금 좀 난처한 상황에
놓여있는데, 도와주시겠습니까?

— 핀리 므르글턴 경

탐험가 연맹

광활한 아제로스 세계에는 아직 밝혀지지 않은 비밀이 가득합니다. 아제로스는 우주의 힘으로 빚어졌고 고대 문명의 폐허가 점점이 흩어져 있으며 살아 있는 생명체들이 도저히 기억할 수 없는 전쟁과 전투를 지켜봤습니다. 탐험가 연맹은 생명의 근원을 조사한다는 목적에서 꾸려졌지만 학자와 모험가와… 수많은 보물 사냥꾼이 모인 조직으로 성장했습니다.

2015년 출시된 탐험가 연맹에서 브란 브론즈비어드와 그의 절친한 친구들(그리고 적들)은 시초의 지팡이라고 불리는 티탄의 유물을 찾아 원정을 떠납니다. 탐험가 연맹은 광기에 찬 전사들을 따돌리고 무너지는 사원에서 탈출하고 라팜이라는 이름의 도적과 대결하면서 몇 가지 흥미로운 요소들을 발견하여 하스스톤 세계에 소개했습니다. 특히, 발견이라는 이름의 메카닉을 들 수 있습니다. 이 기능은 하스스톤에서 가장 강력한 키워드 중 하나가 되었습니다. 발견은 단순히 무작위 카드를 생성하는 것이 아니라 세 개의 카드를 제시한 다음 플레이어에게 하나를 고르도록 하는 방식입니다.

하스스톤 개발팀은 시네마틱 트레일러를 처음 공개한 바로 그 순간부터 탐험가 연맹을 통해서 대담한 여행자들의 위험천만한 이야기와 고전적인 모험에 답할 수 있기를 바랐습니다. 삽화가들은 모험 중 마주칠 수 있는 야수와 수호자, 괴물들을 상상하여 그려낸 수십 장의 아트로 화답했습니다.

이전 페이지 ▲▲
Laurel Austin

오른쪽 ▶
Alex Konstad

모험이 이어지는 구역마다 "우두머리 전투"에 대한 새로운 접근을 시도했습니다. 무대가 무너지고 카드를 이용하여 생존과 탈출에 필요한 시간을 벌어야 하는 "탈출" 임무가 두 차례 등장했습니다. 상대의 체력이 0이 될 때까지 피해를 주는 하스스톤의 근본적인 승리 조건은 소용이 없었습니다. 플레이어는 위험과 보상 사이에서 결정을 내려야 했습니다. 지름길을 선택하고 그 길목을 지키는 강력한 적을 상대할 것인가? 아니면 무너지는 동굴을 몇 턴 동안 더 버텨낼 것인가?

또한 탐험가 연맹은 하스스톤 최초로 워크래프트 신화에 새로운 인물을 소개했습니다. 엘리스 스타시커와 핀리 므르글턴 경 등 새롭게 등장한 탐험가 연맹의 일원들은 큰 인기를 누렸고 이후 월드 오브 워크래프트 콘텐츠에서 등장했습니다.

위험이 도사리고!
모험이 가득하고!
누가 부름에 응할 것인가?

― 시네마틱 트레일러

왼쪽 ◀
Trent Kaniuga,
Alex Konstad

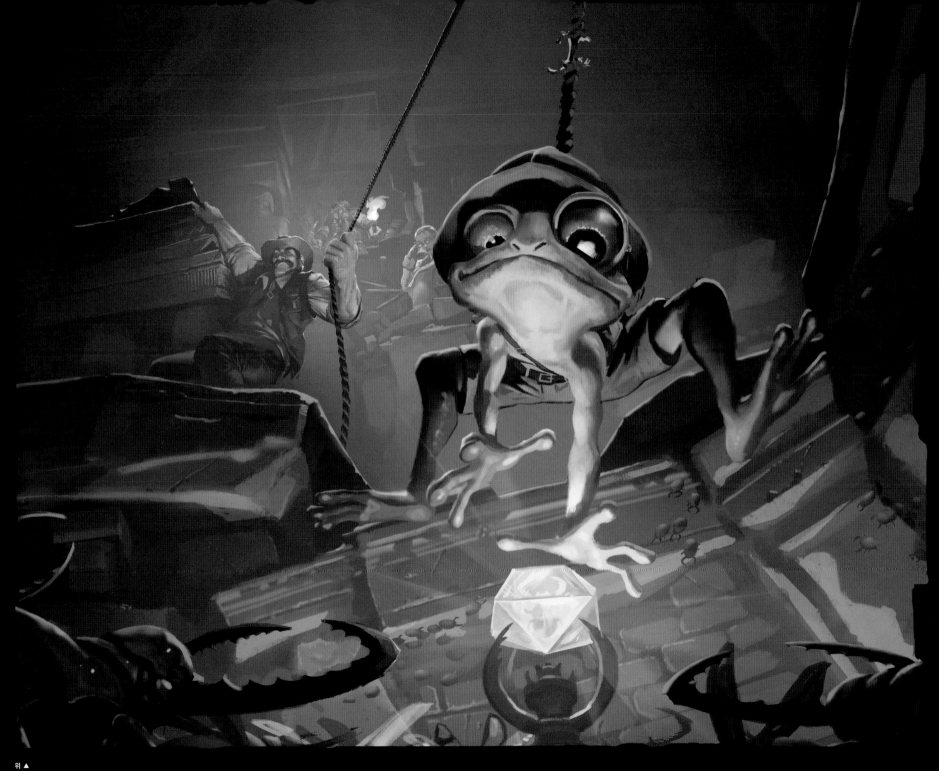

위 ▲
KD Stanton

이전 ◀
Peter Stapleton

위 ▲
탐험가 연맹에서는 새로운 두 개의 전장이 소개되었습니다.
이 전장은 위험한 고고학 유적의 모습으로 디자인되었습니다.

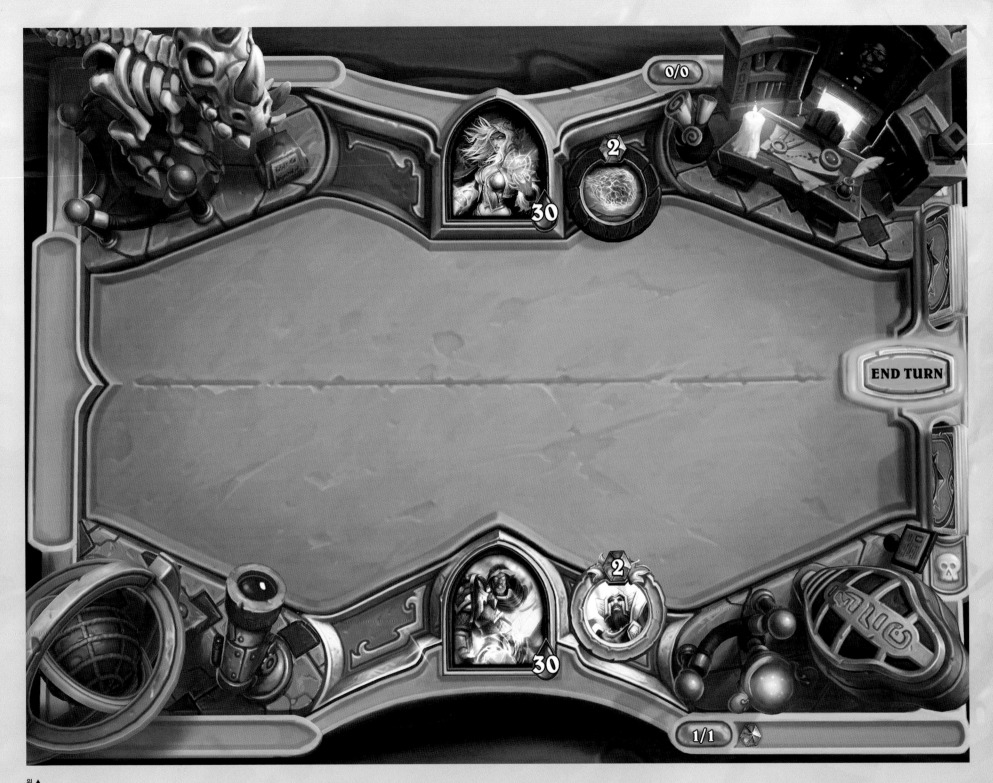

위 ▲
두 번째 전장은 탐험가 연맹의 본부를 그려냈습니다.

206

위 ▲
Jomaro Kindred

위 ▲
Matt Dixon

다음 ▶
Alex Horley Olandelli

위 ▲
Andrew Hou

위 ▲
Sam Nielson

위 ▲
Tyson Murphy

214

위 ▲
Luke Mancini

위 ▲
Matt Dixon

215

왼쪽 ◀
Eric Braddock

다음 ▶
Jesper Ejsing

위 ▲
Jim Nelson

위 ▲
Matt Dixon

오른쪽 ▶
Eric Braddock

위 ▲
A. J. Nazzaro

위 ▲
Dave Allsop

이전 ◀
Zoltan Boros

위 ▲
George Davis

위 ▲
Steve Prescott

위 ▲
Arthur Bozonnet

위 ▲
Paul Mafayon

감사의 말

이 아트북에 실린 멋진 그림들을 바라볼 때면 그 모든 것을 현실로 만들어준 재능 넘치는 하스스톤 아티스트들에게 감사한 마음을 가지지 않을 수가 없습니다. 우리는 카드 게임을 제작하는 창조적인 프로세스를 사랑했습니다. 최초 디자인 안과 초기 카드 콘셉트, 콘셉트 아트는 게임에 대한 느낌을 주었지만 실제로 게임이 생명력을 얻은 것은 아티스트들이 자리에 앉아서 그 작품들을 만들어낸 순간이었습니다. 아티스트들이 숙련된 솜씨로 구성과 색상과 명암을 채워 넣었을 때 각각의 하수인과 주문이 진정한 생명을 얻었습니다. 안녕로봇 같은 캐릭터를 "시끄럽게 경적과 종소리 내는 작고 짜증 나는 기계를 보여줍니다"라는 지문으로 설명하는 것과 총 천연색으로 묘사된 캐릭터를 보는 사실적인 경험은 전혀 다른 것입니다. 이 프로젝트에 참여한 모든 아티스트가 일구어낸 기적이 바로 이런 것입니다.

게임 디자인 콘셉트를 가져와서 귀엽고 매력적인 성격을 부여하는 것이 하스스톤의 아티스트들을 특별하게 만들어준 것입니다. 그들은 빡빡한 일정의 압박 속에서 구체적인 아트 지침에 따라 작업해야 했을 뿐만 아니라 확장팩마다 달라지는 각종 세트의 시각적인 표현과 느낌을 적용해야 했습니다. 그들은 또한 앞으로 공개될 많은 놀라운 이미지를 작업하고 있는 주인공들이기도 합니다. 뛰어난 재능을 가진 전 세계 곳곳의 아티스트와 매일같이 함께 작업할 수 있다는 것은 정말로 영광스러운 일입니다. 그들의 노고와 헌신이 없었다면 이 게임은 세상에 나오지 못했을 것입니다.

Jeremy Cranford
선임 아트 아웃소싱 매니저

전면 ◀▲▼▶
Ben Thompson

다음 페이지 ▲
Jomaro Kindred

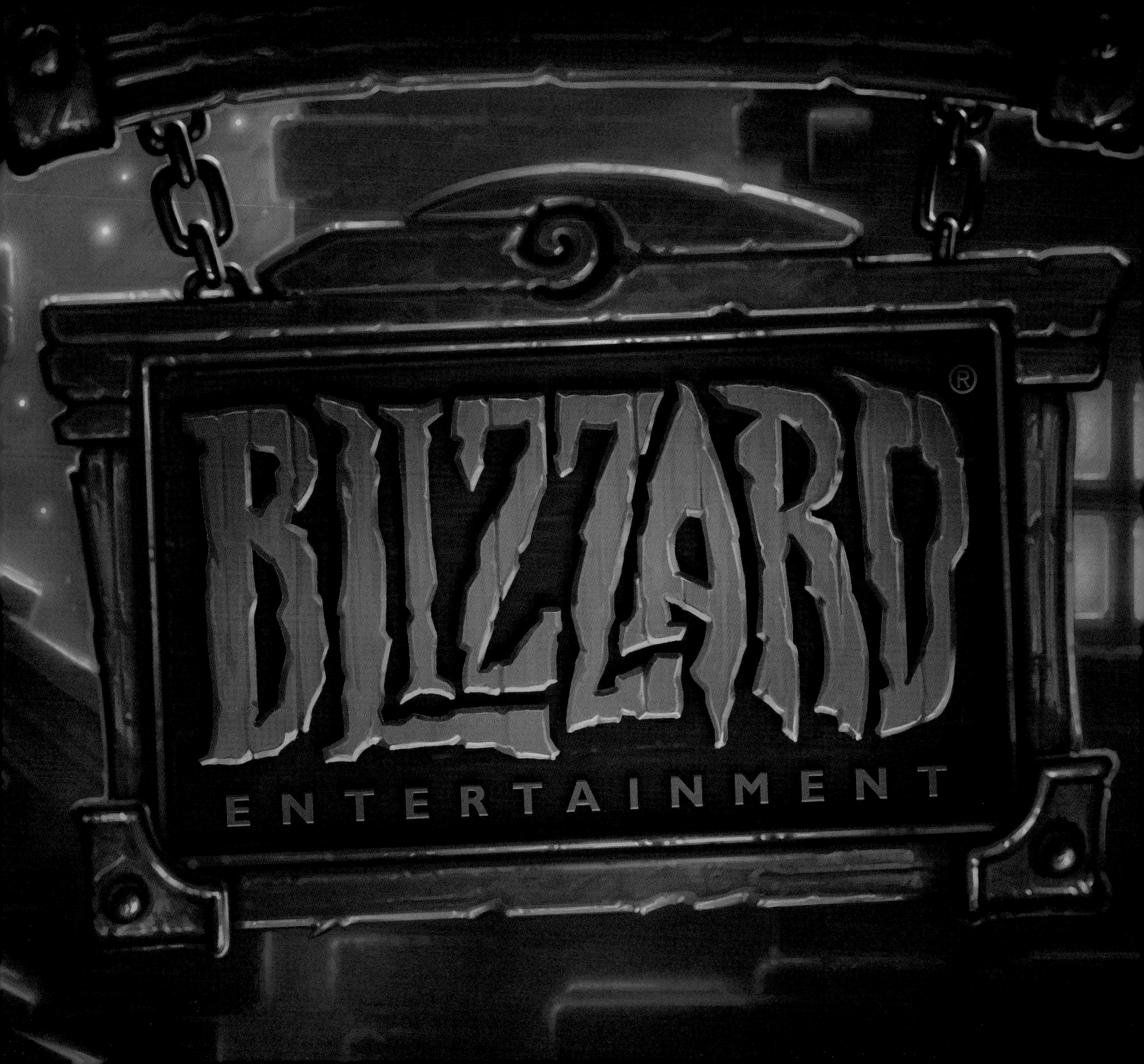
BLIZZARD®
ENTERTAINMENT

위 ▲
Jomaro Kindred

위 ▲
Jomaro Kindred

위 ▲
Jomaro Kindred

231

위 ▲ Ben Thompson

위 ▲ Ben Thompson

위 ▲ Ben Thompson

위 ▲ Jas Tham

위 ▲ Jason Kang

위 ▲ Ben Thompson

위 ▲ Ben Thompson

위 ▲ Ben Thompson

위 ▲ Ben Thompson

위 ▲ Ben Thompson

위 ▲ Jomaro Kindred/Ben Thompson

위 ▲ Jomaro Kindred/Ben Thompson

위 ▲ Jomaro Kindred

위 ▲ Jason Kang

위 ▲ Ben Thompson

234

위 ▲ Jomaro Kindred

위 ▲ Jomaro Kindred

위 ▲ Jomaro Kindred

위 ▲ Jomaro Kindred

위 ▲ Jomaro Kindred

위 ▲ Jomaro Kindred

위 ▲ Jomaro Kindred

위 ▲ Ben Thompson

위 ▲ Jomaro Kindred

위 ▲ Jomaro Kindred

위 ▲ Jerry Mascho

위 ▲ Ben Thompson

위 ▲ Jerry Mascho

위 ▲ Jomaro Kindred

위 ▲ Ben Thompson

위 ▲ Jomaro Kindred/Ben Thompson

위 ▲ Jomaro Kindred

위 ▲ Ben Thompson

위 ▲ Jomaro Kindred

위 ▲ Jerry Mascho

위 ▲ Jomaro Kindred

위 ▲ Jerry Mascho

위 ▲ Jerry Mascho

위 ▲ Jomaro Kindred

위 ▲ Jesse Brophy/Ben Thompson

위 ▲ Jerry Mascho

위 ▲ Ben Thompson